I0141507

DE

# LA DÉCADENCE

## DE LA FRANCE

DE L'IMPRIMERIE DE CRAPELET

RUE DE VAUGIRARD, 9

# DE

# LA DÉCADENCE

DE

# LA FRANCE

PAR

## M. RAUDOT ( DE L'YONNE )

MEMBRE DE L'ASSEMBLÉE LÉGISLATIVE

### DEUXIÈME ÉDITION AUGMENTÉE

————•◦◦◦◦◦◦————

PARIS : AMYOT, RUE DE LA PAIX

—

1850

1849

# PREFACE.

Au seul titre de ce livre j'entends plus d'un vrai patriote s'écrier :

« La décadence de la France ! Mais, c'est un blasphème !

« Après avoir étonné le monde par les guerres de géants de la République et de l'Empire, la France l'étonne par ses progrès pacifiques ;

« Sa richesse augmente rapidement par le travail intelligent de ses habitants, aussi industrieux dans la paix qu'énergiques dans la guerre ;

« Ses institutions d'unité, de liberté, de démocratie sont admirées et enviées par tous les peuples de l'Europe ;

« Cette terre privilégiée et féconde produit toujours l'élite des artistes, des écrivains, et des savants ;

« Les idées de cette tête puissante de la civilisation remuent et éclairent le monde ;

« La France est toujours la première des nations, parlez de ses progrès merveilleux et non de sa décadence. »

Et moi aussi j'ai partagé toutes ces idées ; un examen attentif, approfondi a ébranlé, puis anéanti la foi que j'avais dans la grandeur croissante de la France.

C'est le cœur navré que j'ai rassemblé les preuves irrécusables de sa décadence. Souvent j'ai voulu renoncer à ce travail douloureux, mais je ne pouvais longtemps m'y soustraire. Lorsqu'une maladie lente détruit la santé de la personne qui vous est le plus chère et la pousse au tombeau, est-on le maître de l'oublier, et ne cherche-t-on pas sans cesse ce qui peut lui conserver la vie ? — D'ailleurs, n'est-ce pas un devoir pour le citoyen qui voit le danger de la patrie de jeter le cri d'alarme ? Vivement préoccupé des questions vitales que l'Assemblée législative va discuter, profondément inquiet sur leur solution, je me hâte de publier ce livre, que j'aurais voulu rendre plus complet et plus digne des lecteurs sérieux. Mais tout imparfait qu'il est, il suffira peut-être pour signaler l'abîme où va se perdre la patrie.

Ce livre, qui n'est pas une œuvre de parti mais de bonne foi, où tout était vrai hier, où tout sera vrai demain, était commencé depuis longtemps, lorsque la République a été pro-

clamée. Ce grand changement sera-t-il une
des phases de la décadence ou commencera-
t-il, au contraire, une ère de régénération ? —
La nation s'appartient, elle peut se donner la
vie ou la mort : qu'elle choisisse.

———

DE

# LA DÉCADENCE

## DE LA FRANCE.

## CHAPITRE PREMIER.

### COMPARAISON DE LA FRANCE AVEC LA RUSSIE, L'ANGLETERRE, L'AUTRICHE ET LA PRUSSE.

Pour savoir si une nation est en progrès ou en décadence, il ne faut pas se borner à l'examiner seule, mais la comparer avec les autres peuples de l'univers, et surtout avec ses voisins.

Qui reste immobile quand son voisin marche, qui fait deux pas lorsqu'il en fait trois, passera bientôt du premier au second rang.

Si l'Autriche, si la Russie, si la race grecque n'avaient pas grandi, les Turcs, même en restant stationnaires, seraient encore une très-grande nation.

Le peuple espagnol est aussi nombreux, aussi brave que du temps de Charles-Quint; si la France, si l'Angleterre, si le reste de l'Europe étaient restés ce qu'ils étaient au xvᵉ siècle, la nation espagnole serait encore au premier rang.

La Hollande est aussi peuplée, aussi riche qu'à l'époque de Louis XIV, lorsqu'elle pesait d'un si grand poids dans les affaires de l'Europe ; la Suède a une armée aussi belle et aussi courageuse que celle de Gustave-Adolphe, mais l'augmentation de la richesse et du commerce de l'Angleterre, de la France et de tous les États maritimes, l'accroissement continu des grands empires, ont rejeté la Hollande et la Suède dans un rang inférieur.

La puissance d'un peuple est toujours relative : sa grandeur doit être mesurée à celle de ses voisins. — Cette vérité étant bien reconnue, examinons la France.

## § 1er. — TERRITOIRE.

La France de Napoléon a tenu un moment plus de la moitié de l'Europe sous sa loi ; mais la fortune des armes a détruit ce qu'elle avait édifié. Le territoire européen de la France est à peu près ce qu'il était en 1789 ; le fleuve débordé est rentré dans son lit. Nous avons gagné le comtat Venaissin, Montbéliard et Mulhausen ; mais nous avons perdu Landau, Philippeville, Marienbourg, Bouillon et Sarrelouis. Hors de l'Europe, nous avons perdu la magnifique colonie de Saint-Domingue, Sainte-Lucie, Tabago et l'Ile de France.

Les autres grandes Puissances de l'Europe sont-elles restées comme nous à peu près dans les mêmes limites ?

La Pologne, qui, par sa position, ne pouvait jamais être l'ennemie de la France, après avoir eu la douleur de voir ses trois puissants voisins se partager, en 1773, ses provinces frontières, a disparu de la carte de l'Europe en 1794. Elle a augmenté les territoires de la Prusse, de l'Autriche et surtout de la Russie, qui a fini par prendre dans ses dépouilles la part du lion.

Un pays plus vaste que la France a servi à l'agrandissement des rivaux de la France.

En outre, depuis 1789,

La Finlande, la Courlande, la Bessarabie, ainsi que les provinces situées près du Caucase, l'Abassie, la Mingrélie, la Géorgie, Schirwan, Érivan et le Daghestan, ont encore accru le territoire de la Russie. Le protectorat de la Moldavie et de la Valachie est un commencement de nouvelles conquêtes. La politique et la victoire ont donné à la Russie, depuis 1789, un territoire deux fois plus grand que la France entière,

La Prusse s'est accrue de la Poméranie suédoise, de l'île de Rughen, d'une grande partie de la Saxe, de plusieurs provinces sur les deux rives du Rhin. Son territoire est presque le double de ce qu'il était en 1789,

L'Autriche a perdu la Belgique, qui, séparée complétement du reste de l'Empire, était plutôt un embarras, un empêchement qu'une force réelle ; elle a gagné un territoire faisant corps avec ses anciennes provinces, et plus étendu, Salzbourg, Raguse et toutes les possessions vénitiennes, moins les îles Ioniennes : elle a gagné ainsi un magnifique débouché de son empire sur la mer, des ports et des matelots,

L'Angleterre a su ajouter à ses colonies de l'Amérique septentrionale, des Antilles, de la Guyane et de Sierra-Léone, la baie de Honduras, Démérary et Esséquibo, Sainte-Lucie, Tabago, le cap de Bonne-Espérance, l'Ile de France, Rodrigues, les Séchelles, Ceylan et Sinchapore, rival de Batavia. Aux forts de Gibraltar et de Sainte-Hélène, elle a su ajouter Malte et les îles Ioniennes, qui commandent la Méditerranée; Helgoland, qui domine l'embouchure de l'Elbe; Aden, clef de la mer Rouge et station de la route des Indes; l'île de Lebauan et Hong-Kong, première conquête sur l'empire de la Chine. L'Angleterre a posé, dans l'Océanie, les fondements déjà imposants d'un nouvel empire; elle a triplé le territoire de son merveilleux domaine des Indes, aussi grand que la moitié de l'Europe, et qui renferme 130 millions de sujets.

La France, resserrée dans ses limites de 1789, privée de ses plus riches colonies, a vu sa puissance territoriale relative diminuer considérablement.

Cependant la France a fait la conquête de l'Algérie, qui lui donne deux cents lieues de côtes sur la Méditerranée, à deux jours de distance de Marseille et de Toulon, et un pays presque aussi grand que l'Italie. Mais, depuis dix-huit ans, l'Algérie n'a été, pour la France, qu'une cause de dépenses énormes : la colonisation est à peu près nulle; l'armée mourrait de faim si une flotte ennemie supérieure interceptait les convois qui lui apportent les vivres nécessaires à son existence.

On a su vaincre; on n'a pas su utiliser la victoire, et on ne le saura pas : plus loin j'en dirai la cause.

Il est encore vrai que, depuis la révolution française de 1848, la Prusse, et surtout l'empire d'Autriche, ont paru en dissolution complète ; la haute Italie échappera peut-être aux serres de l'aigle autrichien, et les différentes races semblent vouloir se séparer violemment. Je ne sais ce que l'avenir nous réserve ; mais, si la dissolution de ces deux grands royaumes doit enfanter l'unité de l'Allemagne, la puissance relative de la France sera encore bien plus faible. Un État compacte, plus grand que la France d'un cinquième, et peuplé de quarante millions d'Allemands, rejetterait la France au second rang, et pourrait, en s'alliant avec l'Angleterre, causer sa ruine complète.

## § 2. — POPULATION.

Le premier élément de la puissance d'un peuple, ce sont les hommes.

Quelle était la population de tous les grands États de l'Europe en 1789, avant les guerres de la révolution, à la fin de 1815, au retour de la paix et au commencement de 1849[1]? (A)

|  | En 1789. | En 1816. | En 1848. |
|---|---|---|---|
| La France avait | 30 000 000[2] | 30 000 000 | 35 700 000 |
| La Russie » | 33 000 000 | 50 000 000 | 70 000 000 |
| L'Autriche » | 28 000 000 | 29 000 000 | 39 000 000 |
| L'Angleterre» | 14 000 000 | 19 500 000 | 29 000 000 |
| La Prusse » | 6 500 000 | 10 000 000 | 16 500 000 |

[1] Les lettres alphabétiques renvoient à des notes placées à la fin du livre.

[2] On croit généralement que la France n'avait à cette époque

La France, inférieure d'un dixième à la Russie en 1789, est dépassée de plus d'un tiers en 1816, et presque du double en 1848,

Un peu supérieure à l'Autriche en 1789 et 1816, elle est moindre d'un dixième en 1848,

La France, plus que double de l'Angleterre en 1789, n'a plus qu'une supériorité d'un tiers en 1816, et de moins d'un cinquième en 1848,

Quatre fois et demie plus forte que la Prusse en 1789, la France n'a plus que trois fois autant d'hommes en 1816, et un peu plus du double en 1848.

Les nations rivales augmentent donc beaucoup plus que la nation française.

Je sais que l'on dit : c'est un grand bonheur que la France soit de tous les États de l'Europe celui où la population augmente le moins rapidement, elle évitera ainsi le sort de l'Irlande où les hommes meurent de faim et les guerres sociales suscitées par la misère.

Mais le sort des masses dans la Grande-Bretagne moins l'Irlande, en Autriche, en Russie et en Prusse est-il plus misérable aujourd'hui qu'à la fin du dernier siècle, ou des grandes guerres de l'Empire. On peut soutenir hardiment le contraire, et il me semble que la guerre sociale a déjà malheureusement éclaté en France.

Dans tous les cas, le premier élément de la puis-

que 25 à 26 millions d'habitants, mais c'est une erreur : la France en avait au moins 30 millions ainsi que je l'ai démontré par des preuves évidentes dans : *la France avant la Révolution.* — Ouvrage publié chez Amyot, rue de la Paix, 8, à Paris.

sance, c'est la population, et sur ce point capital la force relative de la France ayant diminué dans une proportion énorme, plus encore que sa force territoriale relative, la France est en pleine décadence.

§ 3. — ARMÉE, REMONTE DE LA CAVALERIE.

Quoique l'infanterie soit la force principale des armées, on peut dire néanmoins : *point de cavalerie, point d'armée.*

Sans cavalerie la victoire ne peut être complète, la défaite est un désastre. Une armée sans cavalerie peut être harcelée, affamée, réduite à l'impuissance et à la ruine par une nombreuse cavalerie ennemie ; la science militaire, l'expérience le démontrent.

Mais malgré la vaste étendue de son territoire, la France, pays essentiellement agricole, ne produit pas à beaucoup près les chevaux nécessaires à la remonte de sa cavalerie, même en temps de paix. En 1831 et en 1840, sur une crainte passagère de guerre, la France a dû augmenter ses chevaux de cavalerie, elle a été obligée d'en acheter à l'étranger une grande partie. Si elle avait une guerre de quelques années seulement avec l'Angleterre et l'Allemagne, il lui serait impossible de remonter ses régiments en chevaux convenables, même en mettant en réquisition tous les chevaux de luxe, parce qu'ils sont peu nombreux d'abord, et parce qu'ils sont achetés eux-mêmes en Allemagne ou en Angleterre qui ne nous en vendraient plus. L'Angleterre, la Prusse, l'Autriche et la Russie ont d'excellents chevaux pour la cavalerie qui bien loin de déchoir ou de diminuer depuis la paix se sont améliorés et augmentés. La France, au contraire, malgré une paix de trente-quatre ans, troublée seulement par quelques expéditions qui n'ont pu altérer sa prospérité, s'est appauvrie ou au moins ne s'est pas enrichie en chevaux de selle indispensables à la force de son armée et à l'indépendance nationale.

§ 4. — LA MARINE.

Il est inutile de comparer sous ce rapport la France avec les Puissances continentales. La Prusse n'a point de marine militaire, et l'Autriche n'en a qu'une très-faible, quoique leurs vaisseaux marchands augmentent assez rapidement[1]. La Russie a des flottes enfermées pour ainsi dire dans des mers sans issue. D'ailleurs une guerre entre la France et ces Puissances serait bien plutôt une guerre continentale que maritime.

Comparons donc la France à l'Angleterre seulement puisque parmi les grands États de l'Europe c'est le seul qui puisse lui faire une guerre maritime sérieuse.

En 1788 la France avait 81 vaisseaux de ligne et 69 frégates, et l'Angleterre 118 vaisseaux et 69 frégates.

En 1827 l'Angleterre avait 606 bâtiments de

---

[1] La Prusse avait en 1831 : 662 navires jaugeant 143 965 tonneaux, et en 1843, 799 navires jaugeant 203 439 tonneaux. Voy. Dietreci.

guerre de toute grandeur et la France 279 plus 80 en construction.

L'Angleterre avait la supériorité de quatre contre trois à la première époque, et de deux contre un à la seconde. — Depuis, la différence est encore plus forte [1].

Mais pour connaître la puissance réelle il faut moins s'arrêter au nombre des vaisseaux de guerre qu'à celui des vaisseaux marchands et des matelots.

Il n'y a point de véritable marine militaire sans matelots, et point de matelots sans commerce maritime; double vérité incontestable. Une flotte militaire qui n'aurait point pour se recruter une nombreuse population de matelots, pourrait remporter d'abord des avantages momentanés, mais devrait bientôt succomber ou se réfugier honteusement dans le port, accablée par un ennemi qui réparerait facilement ses pertes.

Depuis trente-quatre ans que l'Europe est en paix, le nombre des navires marchands et des matelots français augmente-t-il dans la même proportion que les navires et les matelots étrangers?

Dans la période décennale de 1827 à 1836 la proportion moyenne des transports par mer pour tout le commerce de la France était de 51 par navires français et de 49 par navires étrangers; dans la période suivante de 1837 à 1846 le pavillon fran-

---

[1] L'Assemblée législative vivement impressionnée de l'état de notre marine militaire vient d'ordonner une enquête parlementaire. Les discours prononcés à cette occasion, les 30 et 31 octobre 1849, et notamment celui de M. Collas, méritent d'être lus attentivement.

çais n'a plus que 46 pour 100 et les navires étrangers 54.

Pendant la période de 1827 à 1836 la part proportionnelle des deux pavillons était celle-ci dans le mouvement comparé de la navigation avec l'étranger et nos colonies, la grande pêche comprise : Navires français, nombre 45 pour 100; — tonnage 43 pour 100. — Navires étrangers 55 pour 100. — Tonnage 57 pour 100. — Dans la période décennale suivante, de 1837 à 1846, la proportion n'est plus que de 43 pour 100 en navires français et de 40 pour 100 de tonnage, tandis que les navires étrangers sont en nombre de 57 pour 100 et en tonnage de 60 pour 100 [1].

A la fin de 1848 la marine marchande française jaugeait 683 298 tonneaux ; la marine anglaise 3 400 809 tonneaux, non compris la marine des colonies qui était en 1846 de 617 000 tonneaux.

En 1788 le tonnage français était de 500 000 et le tonnage anglais de 1 120 000.

L'Angleterre qui a six fois plus de tonneaux n'avait que le double et quart en 1788.

Il ne faut pas se borner à savoir le nombre des tonneaux, mais connaître la force des navires. Ce n'est pas le cabotage mais le voyage au long cours qui forme les meilleurs matelots.

Au 31 décembre 1848 la marine anglaise de la métropole seule se composait de 25 618 na-

---

[1] Voy. le tableau officiel du commerce de la France, publié en 1848; et pour les renseignements sur la marine anglaise, la notice de M. Gustave Brunet, *Annuaire de l'économie politique*, 1848, p. 284, et le *Moniteur* du 30 juin 1849.

virés dont 9 946 au-dessous
de 50 tonneaux jaugeant.    294 719 tonneaux
et 15 692 au-dessus de 50
tonneaux jaugeant.  .   .   . 3 106 090   »
        Total.  .   .   . 3 400 809   »

Tandis qu'au 31 décembre 1848 la France
n'avait que 14 353 navires ; sur ce nombre 10 468
jaugeaient 60 tonneaux et au-dessous ; 3 189 au-
dessus de 60 tonneaux; sur ce dernier nombre 1706
navires ne jaugeaient que de 60 à 100 tonneaux et 5
seulement avaient de 600 à 800 tonneaux. C'est-à-
dire qu'un très-petit nombre pouvait faire des
voyages de long cours.

De 1840 à 1846 inclusive-
ment, la France a construit
6 051 navires jaugeant .  .  .   276 288 tonneaux ;
  l'Angleterre en a construit
10 857 jaugeant.  .   .   .   . 1 587 742   »

Le vaisseau français jauge en moyenne 45 tonneaux
un tiers ; et le vaisseau anglais 146 un quart. L'Angleterre a construit cinq fois et demie autant que la
France, et les vaisseaux sont en majorité destinés
au voyage de long cours, tandis que presque tous
les vaisseaux français ne peuvent faire que le cabotage.

Est-il besoin maintenant de demander si le
nombre des matelots anglais a augmenté plus rapidement que le nombre des matelots français ? L'accroissement proportionnel de la population étant

trois fois plus considérable en Angleterre qu'en France, il était probable que l'accroissement pour les matelots avait dû être dans la même proportion ; mais il est certain d'après le chiffre comparé des navires et du tonnage, que cet accroissement a été plus considérable encore. Le tonnage anglais de la métropole n'était que de 2 181 000 en 1827, en 21 ans il s'élève à 3 400 309, plus de moitié en sus, tandis que le tonnage français était de 678 866 dans la période décennale de 1827 à 1836 et de 634 362 dans la période décennale suivante [1]. Le nombre des navires qui était en moyenne dans la première période de 14 962, descend dans la seconde à 14 428.

En résumé, la marine marchande française est au moins stationnaire en présence des immenses progrès de l'Angleterre ; la France ne sera plus, à une époque très-rapprochée, qu'une puissance maritime très-inférieure, commercialement d'abord et militairement ensuite ; car point de marine militaire sans marine marchande. La France est donc en pleine décadence pour la marine qui est appelée cependant plus que jamais à jouer un rôle capital sur la scène du monde [2].

---

[1] Il est vrai qu'une ordonnance du 18 novembre 1837 a prescrit un nouveau mode de jaugeage qui devait réduire le tonnage de 14 pour 100 ; mais comme entre le tonnage de 1837, qui était de 696 978, et celui de 1848 qui est de 679 863, il n'y a qu'une différence de 17 115, tandis qu'il devrait y avoir 97 000 tonneaux de moins en 1848, j'en conclus que la différence prétendue de 14 pour 100 se réduit à peu de chose en réalité.

[2] En 1789, le nombre des marins français classés, et qui de-

§ 5[1]. — RICHESSE.

L'accroissement de la richesse publique en France est incontestable, mais est-il aussi considérable que dans les autres grands États de l'Europe?

En 1846 le commerce général comprenant les valeurs des importations et des exportations réunies, sans déduction de l'importation et de l'exportation des produits étrangers non consommés, a porté sur une valeur de 2 milliards 437 millions. En 1827 ce commerce général n'était que de 1 168 millions.

Le chiffre du commerce général va en croissant chaque année.

vaient servir dans la marine royale à la première réquisition, était de 79 748 ; en 1836 le chiffre était à peu près le même, 79 716 ; mais la qualité des hommes était bien moindre. En 1789, sur les 79 748 marins, il y avait 62 962 officiers mariniers ou matelots au-dessus de 18 ans, et seulement 16 786 mousses ou novices. En 1836, sur 79 716 marins, il n'y a plus que 52 400 officiers mariniers ou matelots, et 27 316 mousses ou novices. En 1845 le chiffre s'est élevé à 101 306, on l'attribue à l'extension des armements de la marine militaire qui a fait augmenter le nombre des novices et mousses.

Mais sur ces 101 306 marins il n'y a que 64 946 officiers mariniers et matelots et 36 360 novices et mousses. On ne fera pas la guerre avec les novices et les mousses, mais avec les matelots au-dessus de 18 ans, et leur nombre est presque le même aujourd'hui qu'il y a 60 ans.

Le nombre des matelots anglais, en y comprenant les pêcheurs et marins attachés aux bateaux à vapeur, dépasse 350 000.

[1] Voy. pour tous les détails de ce paragraphe les tableaux officiels du commerce de la France.

En le divisant en trois périodes de cinq années nous trouvons qu'il a été

de 1832 à 1836 de. . . . . . 7 705 000 000
de 1837 à 1841 de. . . . . 9 659 000 000
de 1842 à 1846 de. . . . . 11 465 000 000

Il semble d'après cet accroissement dans le commerce extérieur que la richesse de la France augmente très-rapidement.

Mais remarquons d'abord que l'armée française en Algérie ayant été augmentée successivement et portée à cent mille hommes, on a exporté de France en Algérie chaque année davantage pour nourrir nos soldats aux frais du budget de l'État. C'est un mouvement de fonds mais non une augmentation de richesse.

Dans la première période de 1832 à 1836 l'excédant des exportations était de. . . . . . . . . . . . . . . 239 000 000

Dans la seconde période de 1837 à 1841, au lieu d'un excédant d'exportations, excédant des importations. . . . . . . . . . . . . . 71 000 000

Dans la troisième période, de 1842 à 1846, excédant des importations. . . . . . . . . . . . . 573 000 000

Les importations devenant donc successivement beaucoup plus considérables que les exportations, cela n'indique-t-il pas que la richesse des autres peuples pourrait bien augmenter plus que la nôtre, surtout lorsque l'on voit quels sont les objets les plus considérables d'importations ?

Après les cotons, les soies et les sucres, ce sont les céréales, les laines, les bois, les graines oléagineuses, le lin et le chanvre, les peaux, les graisses, le tabac, l'huile d'olive, les bestiaux et les chevaux. De sorte que la France, pays essentiellement agricole, où la population augmente beaucoup plus lentement que dans les autres grands États, non-seulement exporte trois fois moins de produits agricoles qu'elle n'en reçoit, mais est obligée d'acheter à l'étranger des produits pareils à ceux de son sol pour des sommes qui depuis plusieurs années dépassent 250 millions.

N'est-ce pas une preuve que les progrès de la France, sous le rapport le plus essentiel, sont moins rapides que ceux de ses voisins?

Le peu d'accroissement de la marine marchande française ou plutôt sa diminution ne sont-ils pas aussi une preuve que nous avons été dépassés sous le rapport des produits par nos voisins?

Mais il en est une autre plus générale et plus certaine.

La France est le pays où la population s'est accrue le moins rapidement; on peut en conclure que c'est le pays où très-certainement les produits de l'agriculture et très-probablement les produits industriels se sont accrus le plus lentement, et où par conséquent la richesse a augmenté le moins.

Trois choses sont de première nécessité : la nourriture, le logement et le vêtement, et ces trois choses constituent la presque totalité du capital et du revenu d'une nation.

L'accroissement de la population suppose nécessairement l'accroissement des maisons, des vêtements et des produits d'agriculture ; s'il en était autrement, les hommes seraient en proie à la misère et à la famine.

Un grand peuple ne peut être nourri que par son sol, ou s'il a recours aux produits alimentaires étrangers, ce n'est toujours que dans une faible proportion. Pour transporter des pays étrangers, non point par terre, ce qui serait complétement impossible, mais par mer, le blé nécessaire à la nourriture de la population française pendant vingt jours, tous les vaisseaux marchands de la France entière ne seraient pas suffisants.

Quant aux objets manufacturés destinés aux vêtements des hommes, ils doivent augmenter également, en raison de la population, et il est certain que la masse d'un grand peuple est toujours habillée par les manufactures petites ou grandes du pays même, et que si on achète une partie des vêtements, la moins considérable, à l'étranger, c'est que les acheteurs ont trouvé dans l'accroissement d'autres richesses les moyens de la payer.

Les produits de la France ont sans doute augmenté dans une proportion considérable, puisque pour nourrir, loger et vêtir 5 millions 700 mille Français qui existent aujourd'hui de plus qu'en 1816, à 160 fr. seulement par personne, la France doit nécessairement avoir accru son revenu brut de 912 millions. D'ailleurs, en général en France, le bien-être a fait des progrès sensibles. Mais la richesse de la France ne s'est-elle pas accrue beaucoup moins rapidement que celle des autres grands États de l'Europe? Sans nul doute, puisque leur population a augmenté beaucoup plus rapidement qu'en France, et que leur population, à la considérer en masse et sauf une partie de l'Irlande, n'est pas plus mal logée, plus mal vêtue, plus mal nourrie qu'elle ne l'était en 1816, bien au contraire.

L'Autriche avait 29 millions d'habitants en 1816, elle en a aujourd'hui 39, sa richesse a dû nécessairement comme sa population s'accroître au minimum de 34 pour 100.

La Russie avait 50 millions en 1816, elle a aujourd'hui 20 millions de plus; sa richesse s'est accrue au moins de 40 pour 100. Et je ne parle pas ici de ses mines d'or et d'argent de l'Oural.

L'Angleterre, sans l'Irlande que je ne compte pas à raison de son état misérable, avait en 1816 13 millions et demi d'habitants, aujourd'hui elle a 8 millions de plus; sa richesse s'est accrue au minimum de 59 pour 100.

La Prusse avait 10 millions d'habitants en 1816; elle en a aujourd'hui 6 millions et demi de plus; sa richesse s'est accrue au minimum de 65 pour 100.

Et la France qui avait en 1816 30 millions d'habitants, n'en a aujourd'hui que 5 millions 700 mille de plus; sa richesse s'est accrue au minimum de 19 pour 100 seulement.

Ainsi, la richesse, proportion gardée avec ce qu'elle était en 1816 dans les différents États, s'est accrue nécessairement,

En Autriche près de deux fois;

En Russie deux fois et demie;

En Angleterre trois fois;

En Prusse plus de trois fois davantage qu'en France.

Pour faire comprendre cette infériorité de la France dans l'accroissement de la richesse comparé avec celui de ses voisins, examinons quel est aujourd'hui le revenu foncier de l'Angleterre et le revenu de la France, et nous serons effrayés de la différence.

En 1847 le produit de la taxe sur les propriétaires fonciers ayant au delà de 3 750 fr. de revenu, et fixée à 2 fr. 92 cent. pour 100 francs, suppose un revenu pour les propriétaires d'Angleterre et d'Écosse seulement, de 2 milliards 230 millions 37 mille fr.[1]; en y ajoutant les revenus des propriétaires ayant moins de 3 750 francs et ceux de l'Irlande, très-certainement le sol du Royaume-Uni donne un revenu net supérieur à 3 milliards (B).

La totalité de la propriété foncière en France ne rapporte pas 2 milliards nets. Le principal de la contribution foncière s'élève pour toute la France en 1849 à 159 119 000 fr. L'administration estime que ce chiffre doit être multiplié par 12 $\frac{1}{2}$ pour connaître le revenu net, qui serait de 1 988 987 000 fr.; et certainement, en disant que le propriétaire qui

---

[1] Dans la première édition de cet ouvrage j'avais indiqué, d'après la *Revue des Deux-Mondes*, un chiffre supérieur; j'explique l'erreur dans les notes.

paye 100 fr. d'impôt foncier en principal, a 1 250 fr. de revenu net, l'administration exagère plutôt le revenu qu'elle ne le diminue.

L'impôt foncier de toute la France, y compris les centimes additionnels de toute espèce, s'élève en 1849 à 281 274 204 fr. ; il est impossible de prétendre que cet impôt n'atteint pas au moins le septième du revenu net ; dans bien des départements il est des localités où il s'élève au sixième et même au cinquième. Le septième suppose un revenu total de 1 968 millions pour le sol entier de la France, y compris les propriétés bâties.

Ainsi, la totalité de la propriété foncière de la France rapporte à peine en revenu net les deux tiers de la propriété foncière du Royaume-Uni de l'Angleterre.

Quelle effrayante infériorité pour la France!

Que serait-ce si nous faisions la comparaison des revenus industriels et commerciaux ainsi que des capitaux des deux pays?

§ 6. — DETTES DE LA PROPRIÉTÉ FONCIÈRE EN FRANCE [1].

Au 1er juillet 1832, les inscriptions hypothécaires non rayées ni périmées s'élevaient à plus de 11 milliards (11 233 265 778).

Au 1er juillet 1840, elles avaient augmenté de plus de 1 300 millions (1 310 832 822), soit de 163

---

[1] Voy. pour tous les détails de ce paragraphe les comptes rendus officiels.

millions par an en moyenne, et s'élevaient à plus de 12 milliards et demi (12 544 098 600).

Depuis 1840, le chiffre a augmenté dans une proportion plus forte encore, attendu que les ventes immobilières, qui sont une des grandes causes des hypothèques, ont été toujours en croissant. Dans les sept années de 1841 à 1847, les droits payés à l'enregistrement pour ventes d'immeubles se sont élevés, en moyenne par année, à 95 079 000 fr.; tandis que dans les huit années de 1833 à 1840, ils n'avaient atteint en moyenne chaque année que 79 157 000 fr.

D'un autre côté, les droits sur les hypothèques qui, dans les huit années de 1833 à 1840, ont produit 1 725 000 fr. annuellement et en moyenne, se sont élevés dans les sept dernières années de 1841 à 1847 à 2 090 000 fr. annuellement en moyenne.

D'après les documents officiels, les prêts hypothécaires se sont élevés à 519 278 139 fr. en 1840; à 491 575 820 fr. en 1841; et à 509 555 003 fr. en 1842.

Il est certain qu'en 1849 le chiffre des inscriptions hypothécaires atteint 14 milliards.

En déduisant de ce chiffre les créances éventuelles sur les biens des comptables, tuteurs, etc., qui, en 1840, s'élevaient à 1 250 000 000, il existe aujourd'hui au moins 12 milliards et demi d'hypothèques ou priviléges de vendeurs portant intérêt.

Nous savons que parmi ces inscriptions, il en est qui font double emploi et beaucoup d'autres dont la dette a été remboursée; pour éviter des frais, on attend qu'elles soient périmées par le temps, une inscription non renouvelée étant éteinte au bout de dix ans; mais si des dettes encore inscrites ont été remboursées, l'accroissement considérable de nouvelles inscriptions prouve que les dettes qui s'éteignent sont plus que remplacées par des dettes nouvelles; et d'ailleurs, combien de propriétaires ont des dettes sur simples billets ou sur obligations qui n'emportent pas hypothèque. En France, le propriétaire n'emprunte sur hypothèque que lorsqu'il est déjà gêné, lorsqu'il n'a plus de crédit.

Certainement on pourrait soutenir avec juste raison qu'il n'y a pas même compensation, et que les dettes non inscrites sont bien supérieures au chiffre des inscriptions faisant double emploi ou dont la dette a été payée. Mais admettons, avec l'administration, que la compensation soit à peu près exacte, il y a au moins 12 milliards et demi de dettes, portant intérêt, sur la propriété foncière de la France, et cette charge va en croissant chaque année. L'intérêt ne peut pas être estimé, à raison des frais d'actes, à moins de 6 pour 100, et pour la totalité, à moins de 750 millions par an.

Nous avons vu dans le paragraphe précédent que le revenu net de toute la propriété foncière de la France s'élève à peine à 2 milliards, sur quoi il faut déduire 281 millions qu'elle paye aujourd'hui en impôt direct, y compris les centimes additionnels, restent 1 milliard 700 et quelques millions.

De sorte que l'intérêt des dettes qui pèsent sur la propriété foncière en France absorbe non pas précisément la moitié, mais beaucoup plus du tiers de son revenu net.

Comme conséquence obligée, le nombre des ventes forcées d'immeubles va sans cesse en croissant. Le chiffre des saisies immobilières, qui était en 1841 de 4016, s'élevait en 1847 à 7659, et les ventes de biens de faillis, qui étaient en 1844 de 311, s'élevaient en 1847 à 526; du chiffre de 2648 en 1840 les faillites montent à 4762 en 1847.

Et l'on s'applaudit des progrès de la prospérité publique, et l'on ne voit pas que l'on touche à ces temps critiques de la république romaine, où les dettes causaient des révolutions !

## § 7. — TAILLE ET SANTÉ DES HOMMES.

Avant 1789, le minimum de la taille était pour le soldat d'infanterie de ligne de 5 pieds 1 pouce; pour le soldat de cavalerie, de 5 pieds 3 pouces; pour le soldat des régiments provinciaux (la milice), de 5 pieds (art. 13 de l'ordonnance du 5 mars 1776 et art. 3, titre IV de l'ordonnance du 1er décembre 1774) (C).

A l'époque de la république et de l'empire, on finit par prendre tous les hommes valides, même au-dessous de la taille autrefois exigée.

Après les grandes guerres, en pleine paix, alors qu'on réduisait l'armée à peu près à ce qu'elle était avant la révolution, la loi du 10 mars 1848 fixa le minimum de la taille à 1 mètre 57 centimètres, c'est-à-dire que le soldat qui, avant 1789, lorsque le service était volontaire, ne devait pas avoir moins de 5 pieds 1 pouce, pouvait, trente années après, n'avoir que 4 pieds 10 pouces à peine ( 4 pieds 9 pouces 11 lignes $\frac{975}{1000}$ ), quoique le service fût obligatoire et qu'on eût à choisir sur la population entière. Avec ce minimum si abaissé, il s'est trouvé dans certaines années plus de 20 000 jeunes gens exemptés pour défaut de taille.

La loi du 11 décembre 1830 réduisit le minimum de la taille à 1 mètre 540 millimètres (4 pieds 8 pouces 10 lignes $\frac{1}{2}$). Mais, sur les réclamations des inspecteurs généraux, qui déclarèrent que le recrutement des armes spéciales deviendrait impossible, la loi du 21 mars 1832 éleva le minimum à 1 mètre 560 millimètres, ce qui, comparativement à la loi de 1818 abaissait ce minimum de 1 centimètre ou de 4 lignes $\frac{1}{2}$ environ.

La loi de 1848 sur la mobilisation de 300 bataillons de gardes nationales vient encore pour ces corps d'abaisser le minimum de 1 centimètre.

Ces réductions ne se sont pas faites sans causes.

En effet, il n'y avait pas un nombre restreint de jeunes gens, n'ayant pas la taille de 1 mètre 56 centimètres (4 pieds 9 pouces 7 lignes). Dans les années qui ont précédé 1843, pour un contingent de 80 000 hommes, 13 437 jeunes gens en moyenne par année n'ont pas même atteint cette taille, qui approche si fort cependant de celle des Lapons.

Si aujourd'hui on exigeait la taille de 5 pieds, comme avant 1789 pour les 76 000 soldats provinciaux (la milice), il y aurait un bien plus grand nombre de recrues déclarées impropres au service.

Dans les huit années de 1839 à 1845, il y a eu en moyenne 21 951 recrues déclarées chaque année bonnes pour le service, qui avaient de 1 mètre 56 centimètres à 1 mètre 624 millimètres, c'est-à-dire moins de 5 pieds. De sorte qu'avec la taille du soldat de milice avant 1789, il y aurait aujourd'hui, sur les 72 ou 73 000[1] hommes enrôlés chaque année, 22 000 environ qui devraient être déclarés impropres au service ; plus de 120 000 des soldats actuellement sous les drapeaux devraient être renvoyés.

. De 1839 à 1845, il y a eu en moyenne 37 326 recrues déclarées bonnes pour le service, qui avaient de 1 mètre 56 centimètres à 1 mètre 651 millimètres, c'est-à-dire au-dessous de 5 pieds 1 pouce. De sorte qu'avec la taille exigée avant 1789 pour les soldats de l'armée de ligne, il y aurait aujourd'hui chaque année, sur 72 ou 73 000 jeunes soldats, 37 000 qui seraient déclarés impropres au service pour défaut de taille; de sorte que plus de la moitié de notre armée devrait être renvoyée comme impropre au service.

Si on exigeait aujourd'hui la taille de 5 pieds 1 pouce pour l'armée, en conservant le chiffre de 80 000 recrues par an, il serait impossible, même en épuisant les contingents, de trouver ce nombre d'hommes. Il faudrait, pour les obtenir, supprimer toutes les exemptions, comme fils de veuve, frère de militaire, etc., et encore à peine

---

[1] Sur le contingent de 80 000 hommes, 7 à 8 mille sont déduits comme élèves de diverses écoles ou engagés volontaires.

arriverait-on à trouver 80 000 hommes valides et de la taille de 5 pieds 1 pouce.

Mais ce n'est pas tout; examinons l'état des jeunes gens exemptés pour infirmités ou défaut de taille depuis que la loi de 1832 a fixé le minimum de la taille à 1 mètre 56 centimètres.

Dans les sept classes de 1831 à 1837, en y comprenant ceux qui ont été réformés au corps pour infirmités contractées avant d'y entrer, il y a eu 459 000 exemptés et 504 000 reconnus bons pour le service.

Dans les sept classes de 1839 à 1845, 491 000 ont été exemptés, 486 000 seulement ont été déclarés bons pour le service.

Ainsi, dans la première période, sur 100 conscrits, 45 $\frac{1}{2}$ sont infirmes ou nains; dans la seconde, 50 $\frac{1}{2}$ sont dans cette triste position.

Voilà l'état de la jeunesse française, et dans les 18 dernières années qu'on regarde généralement comme si prospères, sa force a diminué et sa santé s'est altérée. Par l'état des jeunes Français de 21 ans, constaté ainsi de la manière la plus authentique, on peut juger avec certitude l'état de faiblesse, de débilité d'une grande partie de la population française et des progrès dans le mal.

## § 8. — MORALITÉ.

Depuis 1825, le gouvernement publie chaque année le compte de la justice criminelle en France.

Le nombre des accusés devant les cours d'assises

est à peu près stationnaire, il a été, en moyenne, pendant 10 ans, de 1826 à 1836, de 7 298 par an, et pendant les 10 années suivantes, de 1836 à 1845, de 7 494[1]. Comme la population a augmenté de 6 pour 100 environ par année, il semble qu'il y ait eu amélioration dans la moralité de la nation.

Mais le chiffre est resté stationnaire, parce qu'une modification de la loi pénale et une jurisprudence qui tend à écarter les circonstances aggravantes, ont fait juger par les tribunaux correctionnels un grand nombre de faits qui auraient été autrefois justiciables des cours d'assises.

En 1826, ces tribunaux n'avaient jugé que 108 390 affaires et 159 740 prévenus; en 1845, ils ont eu 152 923 affaires et 197 913 prévenus; et en 1847, 184 922 affaires et 239 291 prévenus.

Mais il est surtout à remarquer que ce sont les délits les plus graves qui ont augmenté. Tandis que les affaires suivies à la requête des parties civiles et des administrations publiques restent à peu près stationnaires, les affaires poursuivies à la requête du ministère public se sont élevées de 34 908, en 1827, à 80 891 en 1846 et 95 914 en 1847, et le nombre des prévenus s'est élevé de 47 443 à 104 433 et 124 159 dans les mêmes années.

De 1826 à 1844, pendant 19 ans, le nombre des prévenus de mendicité, de banqueroute simple a

---

[1] Le nombre des accusés a été de 6 908 en 1846 et de 8 704 en 1847, accroissement énorme qu'on attribue à la cherté des grains et à l'approche de la révolution.

plus que triplé, celui des prévenus de vagabondage, de rébellion , d'outrages et violences envers des fonctionnaires ou agents de la force publique s'est accru de plus d'un tiers, celui des prévenus de vols simples, d'escroqueries , d'abus de confiance, de délits contre les mœurs a plus que doublé.

En 1827, première année où l'on a constaté les suicides, ils étaient au nombre de 1 542, en 1845 il y en avait 3 084 et 3 647 en 1847; les suicides ont doublé et les morts accidentelles, qui n'étaient en 1827 qu'au nombre de 4 744, ont atteint le chiffre de 6 908 en 1845 et de 8 743 en 1847, accroissement énorme qui ferait supposer que parmi ces morts accidentelles il pourrait y avoir plus d'un suicide ou plus d'un crime inconnu.

# CHAPITRE II.

## CAUSES DE LA DÉCADENCE ET DES RÉVOLUTIONS DE LA FRANCE.

Si les preuves de la décadence relative de la France sont incontestables, il ne faut pas continuer à dire : la France a des institutions plus parfaites que celles de ses voisins, donc elle doit avoir fait plus de progrès ; le fait est au-dessus de la supposition ; mais il faut dire au contraire : la France est en décadence, la France, d'un autre côté, est continuellement en révolution, comme un malade qui s'agite, croit trouver dans le changement un soulagement à ses maux et ne fait que les aggraver, donc elle s'appuie sur des institutions funestes et sur des principes faux.

Si l'arbre était bon il porterait de bons fruits, il est mauvais puisqu'il donne de mauvais fruits.

Examinons donc ces institutions et ces principes.

## TITRE PREMIER.

### LA CENTRALISATION.

« L'Europe nous envie, tout le monde le dit en France, la centralisation puissante qui réunit en un seul faisceau toutes les forces de la France,

« Qui ne forme qu'un seul peuple homogène, où toutes les différences de langage, de races, d'idées disparaissent, où les habitudes, les mœurs, les caractères, les sentiments deviennent de plus en plus et partout les mêmes,

« Qui veille sans cesse au bon ordre et à la prospérité publique, et empêche jusqu'au moindre abus qui pourrait se glisser dans l'administration de la plus petite commune, comme du département le plus riche, qui semble réaliser le pouvoir de Dieu embrassant d'un regard l'ensemble et les détails, réglant tout, donnant la vie à tout dans sa suprême sagesse. »

Aux éloges pompeux de la centralisation opposons la réalité, à l'enthousiasme la froide raison.

La centralisation de l'armée, de la marine, des finances de l'État, des relations avec les puissances étrangères, la centralisation gouvernementale en un mot qui réunit toutes les forces de l'État et assure la grandeur de la France, ne peut trouver, comme l'unité de législation, que des partisans et des admirateurs parmi les hommes de sens et les bons Français, mais la centralisation de toutes les affaires provinciales et communales, de tous les intérêts, de toutes les existences, de toutes les idées, de toutes les gloires, de toute la vie d'un grand peuple dans sa capitale, c'est là une des grandes causes de la décadence de la France.

Le gouvernement français, jusqu'à ces derniers temps, avait le droit de nommer à peu près tous les fonctionnaires publics de la France entière : le nombre en est immense[1]. Comme le gouvernement perçoit lui-même, en régie tous les impôts di-

---

[1]. Le nombre des agents salariés de tout grade et des ci-

rects ou indirects et administre à peu près tout en
France, il a dans ses mains l'existence d'une multitude innombrable de personnes, et son influence
s'étend sur la foule encore plus grande des solliciteurs. Les fortunes étant généralement très-médio-
cres, chacun veut augmenter son bien-être en
prenant part au budget de l'État, et toute la France
pour ainsi dire sollicite.

D'un autre côté, le gouvernement regarde comme
un bonheur d'avoir tant de serviteurs obséquieux,
de sorte que c'est une rivalité entre le gouvernement et une partie du public pour augmenter continuellement le nombre des places.

Presque tous ces fonctionnaires sont dans la dépendance absolue du gouvernement et hors de
toute action des particuliers. Ils ne peuvent être
poursuivis pour délits commis dans l'exercice de
leurs fonctions par personne, ni citoyen, ni commune, ni association, ni ministère public, sans
l'autorisation du conseil d'État qui, lui-même,
jusqu'à ces derniers temps, dépendait entièrement
du gouvernement. Les juges seuls des tribunaux
sont inamovibles, et encore, grâce aux différentes
catégories de juges plus ou moins payés, le gouvernement exerce une grande influence sur presque
tous les juges par l'espérance d'obtenir une place
meilleure.

toyens touchant des retraites ou émoluments est de 535 365,
non compris 18 000 agents ou légionnaires payés sur le budget
de la Légion d'honneur, et 15 000 cantonniers de route. Il est
vrai que 300 000 agents sont payés par les communes, mais plusieurs sont choisis et nommés par le ministre ou les préfets.
(Page 64, Ier vol. du Budget de 1850.)

Il n'existe pour ainsi dire que deux ordres de fonctionnaires indépendants, parce qu'ils ne sont pas payés, les membres des tribunaux de commerce et les maires et adjoints ; et encore !

Les conseils municipaux ne peuvent prendre la moindre délibération , les administrateurs des communes ne peuvent exécuter le moindre travail, sans l'autorisation préalable du ministre ou du préfet, ils n'ont pas même le droit de choisir les principaux agents et les fonctionnaires payés par la commune, et pour une partie notable des biens des communes, pour leurs bois, les maires n'ont pas le droit de s'en occuper, une administration embrassant la France entière est chargée de les administrer seule.

Quant aux affaires des départements, aux travaux exécutés avec l'argent du département, les préfets seuls en sont chargés, les conseils généraux n'ont que des avis à donner une fois par an, et les préfets sont dans la dépendance absolue du ministre.

Une cour unique siégeant à Paris apure les comptes de tous les receveurs ou payeurs non-seulement de l'État, mais des départements et des communes.

Le contentieux administratif de toute la France est soumis au conseil d'État qui siége à Paris.

On ne peut établir une usine, un barrage, exploiter une mine, faire des règlements sur la boucherie, sur la vente et distribution des eaux de fontaine et rivière et sur les alignements , dessécher des marais, former des sociétés anonymes, entreprises d'assurances et de tontine, faire un don à des établissements publics, sans que le conseil d'État donne son avis et que le gouvernement prononce.

Il n'est pas un coin de terre en France, il n'est pas un homme si modeste que soit sa position qui ne sente ce pouvoir multiple de la centralisation.

Examinons son effet sur toutes les parties du corps social; mais dans tout ce qu'on va lire qu'on ne voie jamais une critique des personnes; je suis plein de sympathie pour les personnes même lorsque je déteste les institutions.

## § 1.— EFFETS DE LA CENTRALISATION SUR LES FONCTIONNAIRES ET SUR LES AFFAIRES.

Pour rendre cette centralisation praticable, il a fallu diviser tous les fonctionnaires par carrières spéciales, où chacun fait une seule chose et jamais une autre. On est toute sa vie membre d'une administration, des contributions directes, par exemple, ou des postes, ou de l'enregistrement, ou des contributions indirectes, ou des forêts, ou des douanes, ou des tabacs; l'un sera sous-préfet, ou préfet, l'autre magistrat, un troisième militaire et dans une arme qu'il ne quittera plus, un quatrième ingénieur. Chacun parqué dans sa spécialité n'en sort pas, le principe de la division du travail a été appliqué à la grande exploitation de la France, et ce principe produit ses résultats accoutumés, chacun devient un des rouages de la machine.

Ces fonctionnaires qui presque toujours ont

commencé très-jeunes à faire ce qu'ils doivent toujours faire, ne voient les hommes et les choses que d'un seul point de vûe, leurs idées finissent par prendre la forme du moule où on les a jetées, et ils rappellent le crâne de certains sauvages déformés par leurs parents sous prétexte d'une plus grande régularité.

Ces fonctionnaires finissent tous par être convaincus qu'il est impossible de faire autrement et de faire mieux que ce qu'ils ont toujours fait; avec eux la routine est souveraine et la destruction des abus impossible.

Pour l'admission aux fonctions publiques, l'avancement et les spécialités, nous entrons de plus en plus dans le système chinois et nous avons les progrès des mandarins.

La centralisation veut, de Paris, diriger tous ces fonctionnaires, savoir tout ce qu'ils font; elle les tient continuellement à la lisière, même ceux de l'ordre le plus élevé; elle leur ôte ainsi toute influence personnelle sur les populations, elle ne désire pas qu'ils restent dans leur pays parce qu'ils pourraient y conserver une indépendance, une volonté et une influence à eux; elle les accoutume à n'avoir pas de volonté, à courir sans cesse du nord au midi et du midi au nord à la poursuite de l'avancement, à recevoir sans cesse l'impulsion d'en haut. Aussi dans les départements les agents les plus élevés du gouvernement n'ont point d'initiative; s'ils ne reçoivent point d'ordres de Paris, ils hésitent, ils ne savent quel parti prendre. Dans les occasions difficiles, livrés à eux-mêmes, ils ressem-

blent au pauvre aveugle qui a perdu la main qui
le dirigeait. On a vu ce triste spectacle dans les dernières révolutions de la France, on le verra encore.

Ce ne sont pas les scrupules de conscience qui
les paralysent ; qu'ils reçoivent un ordre quel qu'il
soit, ils l'exécuteront bien ou mal, mais il leur faut
un ordre. L'arbre qu'on a plié dans sa jeunesse ,
et pendant de nombreuses années, reste toujours
courbé et ne peut jamais se relever.

Mais si ces fonctionnaires sont sans dignité, sans
volonté devant le pouvoir central, ils font souvent
sentir aux particuliers et aux communes leur puissance tracassière ; inviolables pour ainsi dire puisqu'ils ne peuvent être poursuivis devant les tribunaux qu'avec l'autorisation du conseil d'État, pro-
tégés par l'esprit de corps, toujours si puissant,
ils peuvent être impunément les agents de l'arbi-
traire et du despotisme.

L'administration centrale voulant se mêler de
tout, régler les moindres affaires de la moindre commune, est la plus paperassière qu'il y ait au monde ;
chaque préfecture, chaque ministère sont encom-
brés, il faut dans chaque préfecture une compagnie de
commis et dans chaque ministère un corps d'armée.

Le préfet accablé sous les détails, harcelé pour
les signatures à donner, n'a pas le temps de s'occuper sérieusement des grandes améliorations à pro-
voquer ou à faire dans son département ; les
commis qui n'ont point de responsabilité, dont
la vue ne s'étend guère au delà de leur bureau,
prennent cependant une influence d'autant plus
grande sur l'expédition des affaires que les pré-

fets ne font souvent que paraître et disparaître.

Aux ministères, c'est encore pis : les affaires de la France entière y affluent. Si tous les procès jugés aujourd'hui souverainement par les cours d'appel devaient être instruits seulement en province et jugés tous à Paris par le garde des sceaux, ou plutôt par les commis de la chancellerie, il n'y aurait qu'un cri d'un bout de la France à l'autre contre un système aussi monstrueux. Eh bien ! ce qui révolterait pour la justice s'exécute complétement pour l'administration de la France entière. Le temps employé à éconduire les solliciteurs qui viennent fondre sur lui de toutes les parties de la France, à signer des monceaux de pièces qu'il est dans l'impossibilité de lire, les discussions souvent minutieuses des Chambres, absorbent le ministre, de sorte qu'il lui est impossible de s'occuper des grandes mesures et de faire des études sérieuses pour la réforme d'institutions mauvaises ou la création de grandes choses. Les ministres semblent régner et les commis gouvernent.

Les ministres deviennent des machines à signatures ; et comme par l'accroissement continuel du nombre des signatures ces machines ne pouvaient suffire à la besogne, il a fallu en augmenter le nombre. On a créé de petits ministres qui naturellement, voulant augmenter leur importance et rivaliser avec leurs aînés, n'ont pu le faire qu'en augmentant encore la centralisation, qu'en faisant exécuter plus de choses encore par l'État, qu'en dépensant plus d'argent. Les petits ministres veulent devenir grands et ils ne le peuvent qu'aux dépens des administrés et des contribuables.

En multipliant les ministères et en accroissant les attributions du conseil d'État, on a multiplié les rouages; les affaires doivent passer souvent dans deux, trois, quatre ministères pour recevoir une solution définitive, on a de cette manière accru deux, trois, quatre fois les lenteurs et les servitudes de la centralisation.

Je sais que contre les abus, ou peut-être en faveur des abus, on a imaginé la responsabilité ministérielle. Les ministres sont responsables non-seulement de leurs actes, mais encore de tous les actes de tous leurs agents. Cette responsabilité immense, imposée à de pauvres ministres qui n'ont pas même le temps de lire ce qu'ils sont obligés de signer, et dont on pourrait bien dire aussi : *Pardonnez-leur, car ils ne savent ce qu'ils font;* cette responsabilité impossible est un grand mot vide de sens, une véritable dérision : c'est l'anéantissement de toute responsabilité réelle et la consécration de l'omnipotence bureaucratique et despotique.

En résumé, un véritable administrateur est une rareté, un homme d'État un prodige en France.

Nous avons bien des maçons, des manœuvres, des charpentiers, des chefs d'atelier, des entrepreneurs, beaucoup de surveillants divers, mais point d'architectes; ceci explique comment nous avons si souvent la confusion des langues.

§ 2. — EFFETS DE LA CENTRALISATION SUR LES ADMINISTRÉS ET SUR LA PROSPÉRITÉ PUBLIQUE.

L'inviolabilité assurée aux fonctionnaires, la centralisation et ses mille bras qui peuvent vous atteindre partout ont pour résultat de rendre les citoyens timides et tremblants toutes les fois qu'ils ont des intérêts à débattre avec l'État ou ses agents; ils sentent leur impuissance, se taisent ou se courbent en attendant ou en appelant une révolution.

Cet état de choses joint à la médiocrité des fortunes, fait désirer à une multitude de personnes de devenir fonctionnaires publics afin d'avoir leur part de puissance et de budget; et comme le gouvernement d'un autre côté voyait souvent dans les fonctionnaires un moyen d'action et d'influence, le public solliciteur et le gouvernement ont rivalisé de zèle pour augmenter sans cesse le nombre des places.

Le gouvernement n'a pas même eu assez des particuliers solliciteurs de places et de faveurs. Il se fait attribuer des sommes pour donner en secours, c'est-à-dire en aumônes, il a imaginé divers moyens de rendre les communes, les départements, les populations entières solliciteurs en grand. Sans compter les travaux publics qui sont un puissant moyen de tenir des pays entiers dans sa dépendance, la centralisation lui accorde des fonds qu'il distribue selon sa volonté aux bureaux de bienfaisance et aux établissements destinés à soulager la misère, aux communes et aux départements pour fonder des écoles, faire des suppléments de traitement aux professeurs de leurs colléges, construire des bâtiments, réparer des monuments historiques, venir en aide à l'insuffisance de leurs ressources.

Ainsi les populations sont sans cesse excitées à solliciter pour obtenir l'aumône du gouverne-

ment, et en France, particuliers, communes, hos-
pices, bureaux de bienfaisance, départements péti-
tionnent sans cesse et tendent la main au ministre.

Et comment tout cet argent est-il donné? A ceux
qui en ont le plus besoin? C'est tout simplement
impossible. Les secours aux particuliers sont don-
nés souvent bien plus aux importunités qu'au
malheur. En 1847, sur un crédit de 420 000 fr.
pour secours éventuels, 232 902 fr. ont été payés
à Paris et 72 636 fr. seulement sur mandats des
préfets, dans tous les départements : sur le crédit
des secours annuels, 40 973 fr. ont été payés
à Paris et 3 480 fr. seulement dans tous les autres
départements.

Parmi les milliers de bureaux de bienfaisance
ou établissements charitables de la France, comment le ministre peut-il savoir ceux qui ont le plus
de droits à ses faveurs? Souvent les localités les plus
pauvres, qui devraient recevoir, n'ont personne
capable de rédiger convenablement et de faire
réussir les demandes, et les pays qui obtiennent
sont souvent ceux où il y a le plus de lumières, le
plus d'hommes influents et le moins de besoins.

En 1847, sur le crédit ordinaire de 297 000 fr.,
le Cantal et la Lozère n'obtiennent pas une obole
et les établissements de l'Eure 13 300 fr.

Sur le crédit extraordinaire de 5 millions, on
donne 13 650 fr. au département des Hautes-Pyré-
nées et 213 200 fr. à celui de la Seine-Inférieure.

Pour les fonds communs destinés aux départements, qu'on veuille bien lire la distribution et l'on

verra si l'argent va toujours aux départements les plus pauvres? Il va souvent aux plus riches. Paris en 1849, sur un fonds commun en totalité de 13 546 000 fr. a eu 1 960 000 fr. à lui seul et le département du Gers 35 000 fr.

D'un autre côté, ces fonds communs sont une excitation continuelle aux dépenses exagérées. La commune pour obtenir une mince allocation se jette souvent dans des frais énormes; on ne la lui donne qu'à condition qu'elle achètera, qu'elle bâtira et d'une certaine façon. Quant aux départements, la règle est de donner davantage à ceux qui font le plus de dépenses, et si un département faisait des constructions économiques, s'il ne dépensait pas beaucoup, on ne lui donnerait rien, de sorte que, dans l'espérance d'avoir l'argent de l'État, tous les départements se mettent à dépenser à qui mieux mieux et en définitive tous sont obérés.

La centralisation ayant la haute main sur toutes les affaires des communes, ne leur permettant jamais de rien exécuter sans son autorisation et sa direction, les conseillers municipaux et les maires sont dégoûtés de tenter des améliorations que cette centralisation avec ses écritures, ses délais, ses minuties, rend si longues, si difficiles à réaliser.

Quant aux conseillers généraux de département, ils ne sont réunis que quelques jours par an pour donner leurs avis sur des objets souvent fort importants, mais ils n'exécutent rien, l'administration tout entière du département est remise aux préfets et aux agents du gouvernement, et les conseillers généraux donnent leurs avis sur des affaires dont l'instruction a été faite et la décision préparée par ces préfets et ces agents. Les conseillers généraux n'ont pas l'expérience, la pratique des affaires, et si par hasard quelques-uns d'entre eux veulent tenter des réformes ou des améliorations, la force d'inertie, le mauvais vouloir de tous les agents de la centralisation chargés de préparer la décision ou de l'exécuter, font échouer contre une foule d'écueils ces réformes et ces améliorations.

Ce système a pour résultat d'anéantir l'émulation, le zèle, l'initiative parmi les représentants des localités élus pas les citoyens; pour faire la moindre amélioration Dieu sait combien il faut d'efforts, de ténacité, la vie d'un homme s'y épuise; la province est abandonnée par les plus riches propriétaires qui n'ont rien à y faire, les capitaux vont de plus en plus dans la grande ville, l'agriculture est abandonnée à la pauvreté et à la routine. Les Français sont traités sans cesse par leur gouvernement comme s'ils étaient des enfants ayant besoin d'une tutelle continuelle; avec ce régime, ils restent enfants et souvent enfants terribles au lieu d'être des hommes fermes et raisonnables, et d'un autre côté leurs tuteurs ne peuvent bien gérer leurs affaires.

Qu'importe aux agents du pouvoir central, aux commis de la préfécture et aux commis des ministères les améliorations à faire dans une commune, dans un département? ils sont au contraire naturellement hostiles à toute affaire nouvelle, parce que c'est un dossier de plus, de la besogne

de plus, et que leur bureau est déjà encombré.
Qu'importent aux préfets et aux agents du gouvernement des améliorations à faire dans un département où ils n'ont ni famille, ni propriétés, ni
intérêts; où ils ont été envoyés souvent comme
dans un lieu d'exil, qu'ils quitteront peut-être
demain, et qu'ils fuiraient aujourd'hui même si
on leur donnait autre part une meilleure place?
S'ils tentent des améliorations ce sera dans l'espérance d'attirer ainsi les regards du ministre, souverain maître de l'avancement, et souvent ces
améliorations destinées à faire du bruit, seront la
ruine des finances du département et auront coûté
plus cher qu'elles ne valent.

Dans les entreprises et les travaux publics,
peut-il y avoir de l'esprit de suite lorsque les administrateurs sont dans un état de mobilité per-
pétuelle? et sans esprit de suite que peut-on faire
de bien et de grand?

Voilà une des grandes causes de la décadence
de la France.

§ 3. — EFFETS DE LA CENTRALISATION SUR LA COLONISATION DE
L'ALGÉRIE.

On se demande pourquoi la France ne sait pas
fonder de puissantes colonies? pourquoi la colonisation d'Alger est si lente?

Sans parler d'autres considérations que je déve-
lopperai plus tard, l'effet de la centralisation sur
les administrateurs et sur les administrés est une
des grandes causes de cette impuissance.

Les Romains ont étendu leur puissance sur le

monde connu ; une des causes de leurs succès
merveilleux, c'est que leurs généraux étaient des
hommes complets. Ils avaient été questeurs, c'est-à-
dire financiers ; édiles, c'est-à-dire administrateurs;
préteurs, c'est-à-dire juges ; ils étaient sénateurs et
consuls, c'est-à-dire hommes d'État. Était-il étonnant que de pareils hommes pussent fonder après
avoir vaincu ? Nos généraux ne sont que militaires,
ils n'entendent rien à la justice, rien aux finances,
rien à l'administration civile ; ce sont des hommes
incomplets, et tous les hauts fonctionnaires le sont
également. Tous sont pétris des préjugés étroits de
leurs professions où ils ont été parqués toute leur vie.

Quant aux colons, accoutumés dans la mère
patrie à être toujours conduits, dirigés par les
fonctionnaires du gouvernement pour leurs affaires
communales, départementales, n'ayant presque
jamais rien fait par eux-mêmes et par association,
ils se trouvent sur le terrain de la colonie embar-
rassés, ébahis au moindre obstacle ; ils sont toujours chancelants comme des enfants qui ne peuvent marcher sans une main pour les soutenir, et
si quelques-uns, par hasard, ont assez d'énergie
pour marcher seuls et se diriger, les habitudes et
les lois administratives de la mère patrie viennent
leur mettre des entraves et élever entre eux et le
but un obstacle perpétuel et décourageant, sous
prétexte de protection et de régularité (E).

D'un autre côté, imposées aux vaincus, ces lois
d'une centralisation paperassière semblent intolérables et presque aussi dures que la conquête.

Rome conservait ses conquêtes, parce qu'elle

laissait aux vaincus la consolation de garder leurs habitudes et leurs lois, et qu'elle savait attendre que le temps leur imposât les siennes.

Les anciennes colonies françaises et les colonies espagnoles furent fondées par des hommes énergiques et libres, par des aventuriers qui ne relevaient pour ainsi dire que de leur génie et de leur audace. Elles sont perdues par la manie de l'uniformité et de la réglementation.

Si la nation anglaise a fondé et fonde des colonies sur la surface du globe, si on peut l'appeler la mère des nations, c'est que ses citoyens sont accoutumés à faire eux-mêmes leurs affaires municipales, provinciales, judiciaires et politiques, et que ses hauts fonctionnaires sont des hommes complets, presque tous hommes politiques à l'âge où les Français sont encore surnuméraires, ou à peu près.

Si la race anglo-américaine s'étend sur toute l'Amérique septentrionale, fonde de tous côtés au milieu des forêts des colonies de pionniers qui deviennent ensuite des États, c'est que tous les hommes de cette race sont accoutumés au gouvernement de soi-même, comme ils l'appellent.

§ 4. — EFFETS DE LA CENTRALISATION SUR LES INTELLIGENCES.

Avec le monopole des pouvoirs, Paris semble avoir conquis le monopole de l'intelligence. Hors Paris point de renommée, de fortune, de gloire pour le savant, l'artiste, le littérateur, le poëte, le penseur. Toute œuvre, quel que soit son mérite, si elle a paru en province, est une œuvre morte.

Paris envoie à la province la musique qui la

charmera, la pièce de théâtre qui la fera rire ou pleurer, le livre qui l'instruira ou la pervertira, le journal qui lui apprendra à raisonner ou à déraisonner sur la politique, le feuilleton qui l'amusera en la démoralisant.

Aussi, en province, un homme a-t-il quelque talent, se croit-il un génie, croyance que l'amour-propre donne facilement, il se hâte de quitter sa province, où il végéterait ignoré, pour venir chercher à Paris la fortune et la gloire, et il s'y rencontre avec tous les génies de la France.

Ce n'est pas cependant que Paris, où les plaisirs se présentent à chaque pas, où les désirs sont sans cesse excités, où se livrent les combats sans trêve d'une concurrence effrénée entre les innombrables poursuivants de la fortune et de la renommée, soit très-favorable aux fortes études, aux longues recherches, aux travaux persévérants, aux œuvres mûries par la pensée et dignes de la postérité, aussi n'en voit-on guère de ces chefs-d'œuvre, l'honneur et la gloire d'une époque et d'une nation. D'ailleurs, qui les lirait et pourrait les apprécier ? Personne, ou à peu près personne. Il suffit que Paris produise des œuvres faciles, fasse de l'esprit sur tout et à propos de tout, et expédie chaque jour ses journaux, seule pâture de la province, pour que Paris ait le monopole de l'intelligence en France. Peu lui importe que cette intelligence ne soit plus celle du grand siècle, mais celle de la décadence.

Les rayons de lumière qui partent sans cesse de ce foyer incandescent brûlent plus souvent qu'ils n'éclairent.

Paris est le cerveau et le cœur de la France; mais ce cerveau est toujours dans un tel état de travail, qu'il est menacé de folie; mais ce cœur bat si fort et si vite, qu'il est menacé d'anévrisme, et les membres sont amaigris par la surexcitation fébrile de la tête et du cœur.

§ 5. — EFFETS DE LA CENTRALISATION SUR LA FORTUNE PUBLIQUE.

Les affaires des finances ont été centralisées comme toutes les autres.

On a créé à Paris une caisse des dépôts et consignations, dans laquelle des particuliers et des officiers publics peuvent ou sont obligés de verser, de tous les points de la France, des sommes dont le chiffre total s'élevait, en 1848, à 187 millions, non compris l'argent des caisses d'épargne.

On a forcé tous les départements, toutes les communes, tous les établissements publics à confier au trésor de l'État toutes les sommes qui leur appartiennent et dont il n'est pas fait un emploi immédiat.

Les économies du peuple de toute la France qui forment des centaines de millions, ne font que passer dans les caisses d'épargne pour être centralisées dans le trésor de l'État ou plutôt dans la caisse des dépôts et consignations chargée de les gérer.

Enfin on vient, depuis la dernière révolution, de confondre toutes les banques en une seule dont le siége est à Paris, et qui étend son privilége sur toute la France.

Paris est ainsi de plus en plus le souverain maître du crédit et des capitaux.

Le trésor de l'État reçoit chaque année, 12 à 1300 millions d'impôts; comment cet argent, levé sur toutes les parties de la France, est-il ensuite distribué?

Toute la France est appelée à payer une masse énorme de dépenses faites à Paris. En 1844, par exemple, et cette année n'a rien de particulier, 77 départements ont versé au trésor de l'État, 502 millions de plus qu'ils n'en ont reçus; 8 départements ont reçu du trésor 52 millions de plus que leurs versements, et les payements du trésor de l'État ont excédé dans le seul département de la Seine de 321 millions les recettes qu'il a faites dans ce département. En 1847, l'excédant des payements sur les recettes dans le département de la Seine a été de 395 713 043 fr.; en 1848, il s'est élevé à 475 millions. Il est vrai que dans cette somme se trouvent les payements d'une partie des rentes sur l'État et des dépenses opérées en province, mais ce fait ne prouve pas moins que tout se centralise de plus en plus à Paris, et que presque tout l'argent y vient.

En 1847, 1 321 millions de recettes ont été effectuées sur le territoire européen de la France, 552 millions ont servi à des payements dans le seul département de la Seine. En 1848, sur 1 329 millions de recettes, y compris l'impôt des 45 centimes, 613 millions ont servi à des payements dans ce seul département!

Rome, pour alimenter son luxe, ses spectacles, pour nourrir, enrichir ses citoyens, construire ses monuments gigantesques, et satisfaire aux caprices et aux appétits du peuple roi, attirait dans son sein l'argent de l'univers, mais Rome avait fait la conquête de ses provinces appauvries.

Ce n'est pas seulement le trésor de l'État qui pompe l'argent de toutes les parties de la France, pour le verser à flots dans la capitale et dans quelques lieux privilégiés. La centralisation force une multitude de personnes à venir de toutes les parties de la France à Paris pour plaider, solliciter une place ou de l'avancement, presser la décision d'une affaire administrative, d'une concession, et à dépenser leur argent dans la capitale.

Par ses musées, ses bibliothèques, ses établissements d'instruction supérieure, ses écoles de beaux-arts, créés aux frais du trésor, par ses grands théâtres, ses fêtes, ses expositions payées par l'État, Paris attire les personnes les plus riches des départements, et elles y dépensent leurs revenus et souvent leur capital.

Le gouvernement tend à concentrer à Paris, non-seulement les grandes écoles, mais les grandes industries dont il a le monopole, comme les tabacs[1], les monnaies, l'imprimerie nationale; il attire ainsi un grand nombre d'ouvriers, et il fait chaque jour des pas nouveaux dans cette voie.

D'un autre côté, tant d'argent dépensé, soit par l'État, soit par les particuliers, attire à Paris une foule d'ouvriers ou de malheureux qui ne trouvent

---

[1] Dans la manufacture des tabacs de Paris, la fabrication s'est accrue de 49 pour 100 de 1837 à 1849. (Voy. Budget de 1850, I<sup>er</sup> vol., p. 160); il y a 1 800 ouvriers.

plus d'ouvrage et plus de pain dans leurs localités si pauvres. Le budget tel qu'il est dépensé est un excitant continuel au déclassement des hommes et des populations, et un accroissement continuel des dangers qui en sont la suite.

Paris étant le pays de tout le monde, le commerce tend à s'y centraliser comme la politique; c'est là où l'on vient acheter de toutes les parties de la France. Paris est même devenu la ville de France la plus importante pour les manufactures et l'industrie.

Du reste, on a organisé les moyens de communication de la France pour ce monopole de Paris; presque toutes les routes partent de Paris pour se rendre dans les différentes directions aux extrémités de l'empire, il semble que tous les départements n'aient de relations qu'avec Paris, et ne doivent pas en avoir entre eux; de l'est à l'ouest de la France, il n'y a que deux routes directes ne passant pas par la capitale. Les grands chemins de fer terminés ou en cours d'exécution partent tous de Paris.

Tout afflue à Paris, tout languit en province, à l'exception de quelques villes entrepôts de la grande capitale.

De 547 000 habitants en 1806, Paris est arrivé en 1846 à une population de 1 053 000; les villages qui l'entouraient sont devenus des villes; et la population entière du très-petit département de la Seine qui n'était que de 603 000 individus en 1806, s'est élevée en 1846 à 1 364 000, il a plus que doublé, tandis que le reste de la France n'a augmenté que d'un sixième.

Et ce système en définitive aura-t-il pour résultat d'assurer le bonheur, la tranquillité, la stabilité de Paris? Qu'on en juge par ce qui se passe
aujourd'hui sous nos yeux, Paris est lui-même vic-
time de sa grandeur élevée sans bases solides, aux
dépens de la justice; il a voulu disposer à lui seul
de l'empire, et sa richesse est frappée à mort par
ses prétoriens; il avait altéré la source de la prospérité du pays entier, il a fini par tarir lui-même
la source de sa propre prospérité.

Une nation ne peut faire de grands progrès en
richesse et en population que lorsque les améliorations s'étendent sur un vaste territoire; des progrès sur un point isolé, dans quelques villes sont
bien peu de chose dans un grand État; des améliorations dans chacune des 37 000 communes de
France qui augmenteraient le revenu de chaque
hectare de quelques francs, donneraient un accroissement de richesses et d'aisance infiniment
plus considérable que l'accroissement en serre
chaude de quelques villes.

Un grand fleuve n'est formé que par des ruisseaux; si Dieu faisait tomber toute l'eau qui les
alimente sur la seule vallée où coule le fleuve, les
ruisseaux seraient desséchés, les vallées se condaires
seraient stériles, et la vallée principale se couvri-
rait par l'excès d'humidité de plantes gigantesques, mais grossières et inutiles et de reptiles im-
mondes.

Mais il est un autre point de vue, sous lequel il
faut considérer l'effet de la centralisation sur la
fortune publique.

La centralisation veut tout faire, prétend créer toutes les améliorations ; elle ne veut pas se borner à assurer la défense du territoire, le respect des puissances étrangères pour notre indépendance et nos droits, la tranquillité et le bon ordre intérieurs, le maintien des droits et de la liberté de chacun, elle veut donner elle-même l'instruction aux enfants et aux jeunes gens, enseigner l'agriculture aux agriculteurs ; faire elle-même tous les grands travaux publics, les exploiter et les entretenir, elle veut percevoir elle-même toutes les recettes des communes et des départements comme celles de l'État; elle veut faire elle-même tout le matériel nécessaire à l'armée et à la marine, accrues sans cesse dans l'espérance d'obtenir le dévouement par l'avancement et de jouer un rôle important et applaudi sur la scène du monde; elle veut bien plus, elle prétend donner de l'ouvrage aux uns, des aumônes aux autres, soulager toutes les misères, et redresser les torts de la fortune, elle prétend jouer le rôle de la Providence ; le résultat de ce merveilleux système, c'est que les charges publiques vont sans cesse en augmentant.

De 1829 à 1847, le budget de l'instruction publique s'élève de 1 953 000 francs à 19 millions,

Le ministère de l'intérieur, de 60 millions s'élève à 142,

Le ministère de l'agriculture et du commerce, de 3 à 14 millions,

Le ministère des travaux publics, de 46 millions à 210,

Le ministère de la guerre, de 194 à 390 millions,

Le ministère de la marine, de 57 millions à 129,

Et les frais de régie, de perception et d'exploitation des impôts et revenus, s'élèvent de 129 à 155 millions.

Les dépenses qui, en 1829, étaient de 1 milliard 21 millions, qui, en 1838, ne s'élevaient encore qu'à 1 milliard 86 millions, atteignent, en 1847, le chiffre de 1620 millions (D), plus de 500 millions d'augmentation en dix ans! A quel chiffre effrayant les dépenses atteindront-elles sous la République, si, en vertu des principes démocratiques, toutes les fonctions quelconques doivent être salariées, si l'assistance publique doit secourir toutes les misères, et si la démocratie qui vit du budget est plus puissante que la démocratie qui le paye!

Le résultat de ce merveilleux système, c'est qu'à la première grande crise, on s'aperçoit que les dépenses sont en disproportion avec les ressources du pays, que la partie réellement productive de la nation s'épuise à nourrir le nombre toujours croissant des salariés de toute espèce, de ceux qui vivent aux dépens du travail fructueux, que la source du bien-être et de la richesse s'altère, que la misère s'accroît, que la puissance extérieure de la France, sa force réelle et son influence morale bien loin de s'accroîtrese perdent par cette détresse financière, et qu'une effroyable guerre civile, qu'un bouleversement social peuvent être la suite d'impôts excessifs et de la banqueroute.

On se fait d'étranges illusions sur la richesse de la France et sur l'effet de l'impôt que l'on déclarait le meilleur des placements, et dont on voyait avec bonheur l'accroissement continu.

Les contributions de toute nature se sont élevées successivement jusqu'à 12 et 1300 millions. Pour savoir si la France peut supporter ces charges, connaissons son revenu réel et net.

Nous avons vu plus haut que la totalité du revenu foncier de la France, y compris les propriétés bâties, s'élevait à grand'peine à 2 milliards. Quel peut être le revenu net des propriétaires exploitants et des fermiers? L'estimer au cinquième ou à 400 millions, ce serait probablement exagéré. En 1847, pour l'impôt de l'*income-tax*, l'évaluation du revenu net des propriétaires fonciers, se monte dans la Grande-Bretagne à 2 230 037 328 francs, et le bénéfice de l'exploitant, propriétaire ou fermier, dans ce pays où il y a des fermiers si riches, n'est estimé qu'à 571 800 000 francs, un peu plus du quart du revenu des propriétaires (B).

Supposons cependant qu'en France, où tant de fermiers et de cultivateurs vivent à grand'peine de la culture sans bénéfice net aucun, le bénéfice des exploitants soit du cinquième du revenu de la propriété foncière, la terre et les maisons produiraient alors un revenu net de 2 milliards 400 millions.

Quel est le revenu net de l'industrie et du commerce?

On a fait bien des évaluations fausses, exagérées et qui ne reposaient sur aucune donnée certaine. On peut arriver à quelque chose de plus positif en prenant pour base l'impôt des patentes.

Toute espèce d'industrie et de commerce est frappée par la patente qui consiste en un droit fixe pour la profession et un droit proportionnel basé sur le loyer du patentable ; ce double droit en y comprenant tous les centimes additionnels s'élevait en 1847 à 47 685 784 fr. 86 c.

Maintenant cherchons en moyenne quel peut être le bénéfice net des industriels et commerçants et par quel chiffre il faut multiplier les patentes pour le connaître. Je prétends que le bénéfice net en moyenne, ne peut pas excéder quinze fois le montant de la patente ; c'est-à-dire que l'industriel qui payera 100 fr. de patente n'aura pas plus de 1500 fr. de bénéfice net au bout de l'année. Si l'on veut bien réfléchir qu'en France, une multitude d'industriels ou de commerçants, ont végété pendant toute leur vie, ou ont fait faillite, on reconnaîtra qu'évaluer en masse le bénéfice net de l'industrie et du commerce au taux de la patente multiplié par 15 c'est aller au delà plutôt qu'en deçà de la vérité ; 47 685 784 fr. produits des patentes supposeraient donc un revenu net de 715 286 769 fr. Ce serait plus du tiers du revenu net de toute la propriété foncière de la France.

Dans la Grande-Bretagne où certes l'industrie et le commerce sont bien plus développés qu'en France, les revenus industriels et les produits divers, c'est-à-dire les revenus de toute espèce, même ceux des capitalistes à l'exception des rentiers de l'État, ne s'élèvent d'après l'*income-tax* qu'à 1 506 113 000 fr. c'est-à-dire qu'à un peu plus de moitié du revenu de la propriété foncière et de l'exploitation agricole (B). N'est-ce pas une preuve qu'en estimant le revenu seul de l'industrie et du commerce en France à plus du tiers du revenu de la propriété foncière, on l'exagère plutôt qu'on ne le diminue?

Ainsi la totalité du revenu net de la propriété foncière, de l'exploitation agricole, de l'industrie et du commerce, en France, ne peut pas s'élever à plus de 3 milliards 100 millions; et c'est dans ce pays que les taxes de toute espèce sur ces sources uniques de la richesse s'élèvent de 12 à 1300 millions, et les dépenses publiques à plus de 1600 millions. N'y a-t-il pas là une exagération qui explique l'état de détresse d'une grande partie de la France?

On s'extasiait naguère sur l'accroissement rapide des recettes des contributions indirectes, et on s'imagine même encore généralement que la richesse publique s'est accrue dans la même proportion. C'est une grande erreur.

Si en vingt ans le produit de la régie des tabacs a doublé, c'est une preuve que la mode et l'habitude de fumer s'étendent partout, mais nullement que le peuple soit plus à son aise et plus heureux.

Si le nombre des débitants, de 255 592 en 1831, s'est élevé successivement jusqu'à 332 300 en 1847; si la population va davantage au càfé et au cabaret, est-ce une preuve qu'elle jouit d'une plus grande aisance et qu'elle devient meilleure?

L'accroissement des recettes sur les ventes d'immeubles ne prouve-t-il pas qu'une foule de propriétaires bien loin de s'enrichir se ruinent?

Une partie de la vente plus considérable du pa-

pier timbré et l'accroissement du produit des droits
sur les procès et les obligations ne sont-ils pas un
indice de ruine plutôt que de prospérité?

A quoi d'ailleurs ont servi et servent ces impôts? à
faire des choses dont beaucoup sont utiles lorsqu'elles sont renfermées dans de justes bornes, mais
qui, presque toutes, sont essentiellement improductives. Si on avait laissé chaque année aux contribuables 300 millions de plus dans leurs poches, ils
auraient sur toutes les parties du territoire fait des
travaux utiles, productifs, la France se serait enrichie, et aurait applaudi à son gouvernement au
lieu de végéter et de s'indigner de son fardeau.

Trente-quatre années de paix européenne auraient dû nous donner la liberté de nos mouve-
ments, la sécurité de la force, une tranquillité dura-
ble; loin de là, nous sommes réduits à gémir sur
l'impuissance de notre pays à l'extérieur et à redouter
un bouleversement social et la ruine à l'intérieur.

Et ce qu'il y a de désespérant c'est que beaucoup
d'hommes sensés s'imaginent comme la multitude
qu'il faut persévérer dans un système qui a mis la
France dans l'état déplorable où elle se trouve et
doit la perdre à jamais si on le continue.

§ 6. — LA CENTRALISATION A ENGENDRÉ ET PROPAGÉ LES IDÉES
COMMUNISTES.

Dans tous les temps il y a eu des rêveurs qui se
sont amusés à refaire sur le papier la société tout
entière, mais presque toujours leurs rêveries inap-
plicables naissaient et mouraient dans la solitude

et n'agitaient qu'un petit nombre d'esprits curieux.
L'idée de supprimer toute propriété particulière,
de mettre tout en commun, de partager en frères,
était passée dans la tête de plus d'un philosophe,
de plus d'un rhéteur des siècles passés, mais,
jamais une grande et puissante société n'avait pu
craindre d'être bouleversée de fond en comble par
de pareilles absurdités, contraires à la nature de
l'homme et dont la conséquence serait la misère et
la ruine de tous. Comment se fait-il que ces idées
aient pris en France assez d'extension et de puissance pour faire craindre les plus grands malheurs?

Depuis cinquante ans les générations françaises
sont imbues de cette idée que la centralisation est
admirable, que les particuliers, les communes,
les départements ont un besoin indispensable de la
tutelle de l'État, qu'ils sont incapables de faire
rien de bien si on ne leur dirige la main, de se
mouvoir et de marcher si l'État ne les tient sans
cesse à la lisière.

Malgré cette tutelle continuelle, on voit cependant encore bien des malheureux, bien peu de bonheur pour les masses; alors on s'imagine que cela
vient de ce que l'État ne fait pas encore assez, ne
dirige pas encore assez de choses, on le charge de
plus en plus de faire la charité, de donner de l'ouvrage aux ouvriers, on augmente sans cesse les
fonds communs à distribuer aux communes, aux
établissements de bienfaisance, aux départements;
on veut qu'il apprenne aux agriculteurs à cultiver,
qu'il fasse la colonisation agricole, on s'accoutume
de plus en plus à le regarder comme le dieu de la

machine ; on finit par considérer la liberté de l'individu qui peut en faire un mauvais usage, la propriété particulière dont on peut user fort mal, 
comme un trouble au jeu des rouages, et à cette
uniformité que l'État seul peut prescrire et assurer.
Pourquoi l'État qui choisit ses armées de fonctionnaires, qui fait toutes les affaires administratives,
qui est déjà fabricant et marchand de tabac, impri-
meur, constructeur de vaisseaux, fabricant d'armes,
de machines et de voitures, tailleur, bottier, sel-
lier, meunier, boulanger pour l'armée et la marine,
directeur des messageries sur les chemins de fer,
entrepreneur de transports par mer, propriétaire
exploitant de bains d'eaux thermales, professeur de
belles-lettres, de beaux-arts, de chant et de danse,
instituteur, banquier du peuple par les caisses
d'épargne, banquier des départements, des communes et des établissements publics dont il reçoit et
exploite les fonds, ne serait-il pas encore chargé
d'établir une harmonie absolue, de faire marcher
la société entière? Pourquoi ne serait-il pas le seul
véritable propriétaire distribuant à chacun sa part
de la fortune publique équitablement et selon ses
besoins? Il faut que tout soit mis en commun.

Dans un autre ordre de société, avec d'autres
institutions, ces idées seraient mortes d'elles-
mêmes, parce que leurs auteurs auraient compris
que leur application rencontrerait des obstacles in-
vincibles, parce qu'elles n'auraient trouvé nulle
part les moyens de passer de la rêverie à l'exécution.

Mais avec les puissances de cette centralisation,
il n'est pas d'idée extravagante qui ne puisse espérer

d'être mise à exécution si ses adeptes peuvent s'emparer, dans un jour de combat, de cette machine qui broie toutes les résistances.

Le communisme né de la centralisation, s'agrandit par l'espoir que la centralisation lui a préparé les voies, façonné les hommes et lui donnera la puissance de s'imposer à la France.

§ 7. — LA CENTRALISATION PERPÉTUE LES RÉVOLUTIONS.

Il semble qu'un pouvoir si concentré, qui tient en ses mains toutes les forces de l'État, qui dispose d'une multitude d'existences, qui domine tous les individus faibles et isolés et toutes les parties de la France sans force et sans vie propres, devrait ne jamais craindre d'être attaqué, ni renversé, et cependant depuis soixante ans, la France est continuellement en révolution ; d'où cela vient-il ?

Le gouvernement, faisant tout en France, a la responsabilité de tout, et il chancelle sous le poids de cette responsabilité.

Tous les intérêts froissés, tous les amours-propres blessés, si petits qu'ils soient, s'en prennent au gouvernement ; pour la cause la plus minime qui, dans un ordre de choses régulier, ferait désirer seulement le changement ou la punition d'un fonctionnaire subalterne, on voudra renverser le gouvernement.

La classe, le pays qui souffriront pour une cause souvent au-dessus du pouvoir de l'homme, accoutumés à penser que le gouvernement fait tout et peut tout, le rendront responsable de leurs pertes, de leurs misères, et voudront le changer.

Le gouvernement dispose d'une multitude de places, mais le nombre des postulants est encore bien plus grand, et il est obligé de faire toujours plus de mécontents que de satisfaits : ceux qui restent en dehors sont toujours prêts à enfoncer les portes, et souvent, dans l'intérieur de la place, des subalternes, voulant devenir chefs, entr'ouvrent ces portes aux assiégeants.

Et au moment du danger, sur qui le gouvernement peut-il compter ? On ne s'appuie que sur ce qui résiste, a dit avec raison un homme de grand esprit; la servilité ne donne point de dévouement.

La vie n'existant qu'au centre et tout le reste étant instrument, les ennemis du gouvernement ont toujours l'espoir de le renverser, parce qu'il leur suffit de saisir le machiniste et de se mettre à sa place pour faire marcher la machine à leur profit.

C'est ce que le général Mallet avait admirablement compris; ce prisonnier d'État s'échappe de sa prison et ose dire : *Je suis le gouvernement, obéissez-moi;* et il trouve des soldats et de hauts fonctionnaires qui obéissent, et il est sur le point de faire à lui seul une révolution. Il s'en prenait cependant au géant du monde, à Napoléon ; mais Napoléon était à Moscou et Mallet à Paris. Toute révolution faite à Paris est faite dans toute la France.

C'est un bien dans le mal, disent plus d'une personne, il ne peut au moins y avoir de guerre civile qu'à Paris, jamais dans le reste de la France. Mais une des causes de la fréquence des révolutions, c'est précisément cette conviction générale qu'il suffit de renverser le gouvernement à Paris, pour qu'il le soit dans toute la France. Chaque parti espère qu'il pourra profiter d'un moment favorable, avoir sa journée et s'emparer du pouvoir central par un coup de dé de la fortune.

Si on était convaincu qu'une révolution faite à Paris serait à refaire dans vingt départements, qu'il ne faudrait pas une journée pour réussir, mais des années, quelques milliers de conjurés, mais des armées, on ne chercherait pas si souvent à faire des révolutions.

La France, depuis soixante ans, subit les changements en tous sens que lui impose une seule ville, que dis-je? une poignée d'hommes de cette seule ville; on écrit de Paris à la plus glorieuse nation de l'Europe qu'il faut crier aujourd'hui *vive le Roi*, demain *vive la Ligue*, après-demain n'importe quoi, et elle crie ou laisse crier. Jamais on ne vit, chez une grande nation, pareille abnégation, absence aussi complète de volonté et de dignité; les hommes sont descendus au niveau de l'ilote qui obéit au vainqueur quel qu'il soit.

La guerre civile est sans doute un affreux malheur, mais une nation peut sortir grande, forte, énergique, de la guerre civile; la bassesse, la servilité, érigées en système, peuvent faire, au bout de quelques générations, d'une grande nation une multitude abâtardie prête à subir la conquête.

§ 8. — EFFETS DE LA CENTRALISATION SUR LA PUISSANCE DÉFENSIVE DE LA FRANCE.

Bien des personnes prétendent que notre extrême centralisation est nécessaire, indispensable, à la

püissance agressive de la France, que sans elle le
gouvernement ne pourrait pas concentrer par un
mot toutes les forces de l'État sur un point donné,
envahir le territoire ennemi et le frapper avec la
rapidité de la foudre. L'expérience démontre que
l'Angleterre attaque ses ennemis avec autant de
rapidité que la France, qu'elle peut concentrer
toutes les forces de l'État avec une énergie mer-
veilleuse, et cependant elle n'a point de centralisation administrative.

Pour la guerre agressive, cette centralisation
extrême est donc inutile; pour la guerre défensive,
elle est un danger immense, une cause de ruine.

En 1814, Paris est pris par l'ennemi. Les armées étrangères n'avaient pas, cependant, envahi
le tiers de la France; mais la résistance est paraly-
lysée à l'instant même dans toute la France.

En 1815, une bataille est perdue en Belgique.
Quelques jours après, Paris succombe; l'exemple
de 1814 se renouvelle : il n'y a plus de résistance
nulle part.

La conviction qu'en cas de guerre défensive Paris c'est la France est tellement générale, qu'on a
entouré cette immense capitale de fortifications
gigantesques. On l'a rendue peut-être plus forte
contre l'ennemi; mais on a augmenté la faiblesse
du reste de la France, parce qu'on a encore donné
à tous les Français une conviction plus profonde
que Paris est tout et que le reste n'est rien.

Hors Paris, il n'y a peut-être pas un seul lieu où
l'on ait des idées à soi, de la vie, de l'initiative :
pas un seul centre d'action. Dans tous les départe-

ments, il n'y a que des bras; le cerveau est à Paris :
lorsque le cerveau est comprimé, les bras tombent
inertes et sans mouvement.

Après un grand désastre qui briserait ou para-
lyserait l'action gouvernementale et laisserait les
départements sans ordres, trouverait-on une énergie virile, une puissante initiative dans ces généraux, qui n'ont jamais fait qu'obéir; dans ces commis décorés du nom d'administrateurs, qui ont
passé leur vie à solliciter, à se courber, à exécuter
l'ordre d'en haut; dans ces populations adminis-
trées par les fonctionnaires de l'État, qui obéissent
et payent l'impôt, qui ne savent rien organiser,
rien administrer, rien faire par elles-mêmes? Où
pourrait-il se former des centres d'action, de résistance?

Aux jours de détresse, on voudrait bien qu'il y
eût de la vie en Bourgogne, en Provence, en
Champagne, en Lorraine; l'empereur s'adresse,
mais en vain, à l'énergie vivace des anciennes races : la centralisation l'a détruite.

Si Madrid avait été à l'Espagne ce que Paris est
à la France, l'Espagne n'aurait-elle pas été conquise
par le grand empereur?

Si l'existence d'une armée tenait à celle de son
chef; si, ce chef mort, l'armée était morte, ne serait-ce pas un affreux danger; l'ennemi n'aurait-il
pas un immense avantage? Eh bien! toute l'existence de la France tient à une tête! N'est-il pas
plus facile à l'ennemi de faire tomber cette seule
tête que d'en frapper vingt?

## TITRE DEUXIÈME.

EXAMEN DE TROIS INSTITUTIONS DE LA CENTRALISATION.

En lisant le chapitre précédent plusieurs personnes diront sans doute : Il peut y avoir du vrai dans cette critique de la centralisation, mais elle est exagérée, d'ailleurs à côté des inconvénients les avantages. Comment ne pas admirer trois institutions ou systèmes nés de la centralisation :

« L'école Polytechnique, foyer de lumières et de découvertes qui produit les officiers du génie et de l'artillerie, les ingénieurs les plus distingués de l'Europe et les premiers savants du monde;

« Le système d'unité qui fait exécuter tous les grands travaux dans une pensée d'ensemble admirable, qui donne pour garantie de la bonne conception de tous les plans du génie civil et des projets d'édifices publics le conseil général des ponts et chaussées et la commission supérieure des bâtiments civils dont la vieille expérience, la science, la capacité ne peuvent être mises en doute.

« L'Université qui donnant l'instruction et l'éducation à toute la jeunesse française détruit ainsi toutes les différences d'opinions et de principes, toutes les haines de parti, donne à tous les Français les mêmes idées et contribue puissamment à l'harmonie sociale, à l'unité et à la grandeur de la France. »

Examinons.

§ 1. — ÉCOLE POLYTECHNIQUE.

Dans ce qu'on va lire, qu'on ne voie pas la critique des personnes ; j'estime et j'aime plusieurs anciens élèves de l'école Polytechnique, comme j'estime et j'aime plusieurs de ces fonctionnaires dont j'ai déjà parlé et plusieurs de ces professeurs ou maîtres de pension de l'Université dont je parlerai bientôt ; je le répète de nouveau pour qu'on ne l'oublie jamais en lisant cet ouvrage, je n'attaque que les institutions et non les hommes qui sont souvent eux-mêmes victimes des institutions.

Examinons l'école Polytechnique telle qu'elle est organisée aujourd'hui et qui, sur plus d'un point, ne ressemble guère à l'école primitive. Elle est destinée à faire,

Des officiers du génie militaire,
Des officiers d'artillerie de terre et de mer,
Des ingénieurs des ponts et chaussées,
Des constructeurs de vaisseaux,
Des ingénieurs des mines,
Des inspecteurs des lignes télégraphiques,
Des chimistes pour la manutention et le mélange des tabacs,
Des ingénieurs hydrographes,
Des officiers chargés de la confection des poudres et même des officiers d'état-major et de marine.

Tous les élèves de cette école sont reçus au concours et casernés pendant deux années.

L'admission ou le renvoi dépendent souvent du

hasard. Un élève souffrant au moment de l'examen, mal disposé, timide, sera refusé quoiqu'il y ait en lui l'étoffe d'un Vauban ; tel autre moins instruit, médiocre, sera reçu, parce qu'il aura de l'aplomb et le bonheur d'être interrogé sur ce qu'il savait.

La concurrence pour entrer à cette école unique, qui ouvre tant de carrières, est énorme ; pour diminuer le nombre des concurrents, on grossit de plus en plus le programme des connaissances indispensables, on rend l'examen plus sévère. Quelques jeunes gens dont l'aptitude naturelle pour apprendre les sciences exactes est très-grande, peuvent entrer à cette école sans être accablés par un travail excessif ; le plus grand nombre, doués de facultés ordinaires, mais poussés par leur vanité ou celle de leurs parents vers cette école, que la foule tient à si haute estime, pâlissent pendant cinq ou six ans sur des livres de mathématiques, dont l'étude exclusive est loin de rendre l'esprit plus étendu et plus juste, de sorte qu'à l'âge où les jeunes gens se développent, ils sont accablés d'un travail excessif, ils s'usent, ils s'étiolent, souvent leur cerveau fatigué et leur amour-propre surexcité enfantent des chimères et leur font méconnaître les règles du bon sens. On a fait grandir la plante en serre chaude, elle donnera souvent des fruits sans saveur et qui seront gâtés avant d'être mûrs.

A la sortie de l'école les élèves, comme ceux du reste de plusieurs autres écoles du gouvernement, ont droit à une place ; c'est le droit au travail, avec ses conséquences désastreuses donné à l'élite des classes élevées.

5

Tous les élèves, à la fin de leurs études, sont classés par rang de mérite reconnu par des examens. Les premiers ayant le droit de choisir, sont seuls assurés de suivre la carrière qu'ils désirent. Tout homme a sa vocation, son génie, et ne remplit bien que les fonctions désirées. La plupart des élèves de l'école Polytechnique sont obligés d'entrer dans une carrière pour laquelle ils n'avaient aucun goût.

Tel qui ne rêvait que les ponts et chaussées sera militaire; tel qui voulait être officier du génie, sera envoyé dans les tabacs; tel autre aurait désiré construire des vaisseaux, il inspectera les lignes télégraphiques; celui-ci aurait voulu être ingénieur des mines, il sera marin, et une fois nommé dans une spécialité, il lui sera impossible d'en sortir pour aller où son génie le portait; il fera toute sa vie ce qu'il ne voulait pas faire, et il le fera médiocrement ou mal.

Dans toutes ces carrières, où ces jeunes gens en sortant des écoles débutent par des places très-importantes sans qu'ils aient aucune expérience pratique, il faut qu'ils l'acquièrent en faisant souvent des fautes. Il n'est pas un seul ingénieur investi, comme il l'est toujours, d'un service considérable en sortant des bancs, dont l'apprentissage n'ait coûté à l'État et aux départements plusieurs centaines de mille francs. Pour les constructions maritimes il en est plus d'un qui a coûté des millions.

Après un travail excessif pour entrer à l'école et pour en sortir dans un bon rang, la plupart ayant une position assurée où l'ordre naturel et hiérarchique les portera à un avancement au moins de second degré, qui ne peut leur échapper, passent le temps à ne rien faire, se bornant à exécuter la besogne strictement nécessaire, ils oublient avec délices une partie de ces grandes sciences qu'ils ont apprises avec tant de peine et d'ennuis.

Et ces privilégiés, en position légale d'occuper toutes les fonctions principales de tant de carrières, sont un obstacle permanent à la manifestation des hommes de haute capacité qui pourraient se trouver en dehors ou dans les rangs inférieurs de leurs corps. Un Vauban, déclaré inadmissible à l'école Polytechnique, parce qu'il aura été intimidé ou malade au moment de l'examen, ou parce que son génie ne s'était pas encore développé, ne pourra jamais être que surveillant du génie ou officier de troupe; un Brunel sera toute sa vie conducteur des ponts et chaussées.

Les plus grands génies, qui ne se développent souvent que dans la force de l'âge, seront étouffés, perdus pour la patrie, et la place qu'ils devraient illustrer sera remplie par les prodiges de vingt ans, qui à trente ne sont plus souvent que des médiocrités désespérantes.

Il semble que l'école Polytechnique, qui reçoit chaque année l'élite de la jeunesse française, qui renvoie chaque année dans la société cent vingt à cent cinquante hommes, qui ont reçu les leçons des plus habiles, des plus savants professeurs de l'Europe, devrait peupler la France de Vaubans, de Brunels, de Watts, de Fultons. Eh bien! les grandes découvertes qui changent la face du monde ont été presque toutes faites et perfectionnées par des ingénieurs étrangers, ou des ingénieurs libres, de simples mécaniciens, ou de simples ouvriers; comment ce foyer de science donne-t-il si peu de lumières nouvelles? Comment une terre aussi riche produit-elle si peu? Par les raisons que nous venons d'indiquer et par d'autres encore que nous ferons comprendre dans le paragraphe suivant.

§ 2. — SYSTÈME DE TRAVAUX PUBLICS.

La plupart des grands travaux publics sont ordonnés par l'État, exécutés par ses ingénieurs avec l'argent de l'impôt.

Les ingénieurs sont certainement des hommes instruits, mais comment font-ils leurs projets? Après quelles formalités ces projets sont-ils mis à exécution?

L'ingénieur ordinaire fait un projet sur l'ordre de ses chefs, jamais ou presque jamais de son propre mouvement; ce projet doit être examiné et approuvé par l'ingénieur en chef, qui souvent le modifie; ensuite, il doit être nécessairement soumis au conseil général des ponts et chaussées, qui l'accepte, le rejette ou le modifie définitivement.

Le projet revient ensuite à son auteur, qui doit l'exécuter, même lorsque ses plans ont été changés malgré lui, ou à son successeur, qui exécute un projet qui n'était pas le sien et qu'il aurait fait souvent tout autrement.

Non-seulement toute responsabilité est ainsi détruite, mais cette hiérarchie rigoureuse empêche
la spontanéité, les inventions heureuses, les améliorations, tout devient routine.

L'ingénieur qui voudra innover, faire autrement
et mieux que ses collègues, sera mal vu de ses
chefs; ses succès feraient la critique de leurs actes.
Il est dangereux d'avoir plus d'esprit, de capacité
que ses supérieurs; il est plus avantageux de se
résigner à la médiocrité, on est mieux avec ses
collègues et ses chefs, on a la vie plus douce et
on peut espérer un avancement plus rapide.

Quant au conseil des ponts et chaussées, il est
composé de tous les inspecteurs divisionnaires,
c'est-à-dire en grande majorité de vieillards, qui
sont presque infailliblement, la nature le veut
ainsi, les ennemis de tout ce qu'ils n'ont pas fait
dans leur jeunesse ou leur âge mûr, de toutes
les innovations. Ils décident ensuite toutes les
questions sur pièces, sans avoir vu les lieux, c'est-
à-dire à peu près en aveugles.

Le conseil supérieur, souverain juge de tous les
projets de travaux des ponts et chaussées qui s'exécutent dans toute la France, est une entrave per-
pétuelle et un obstacle permanent à tous les progrès.

Il en est de même de la commission supérieure
des bâtiments civils pour les grands travaux d'ar-
chitecture.

Tous les travaux publics sont exécutés par des
ingénieurs ou fonctionnaires qui sont ici aujour-
d'hui et demain à cent lieues de là peut-être; que

leur importe la prospérité du département où ils ne feront que passer ?

Le trésor de l'État payant ces travaux, nul n'a un intérêt personnel, sérieux, puissant, à ce qu'on n'exécute jamais que les travaux réellement utiles, qui rapportent plus qu'ils ne coûtent, bien au contraire.

D'un autre côté, le gouvernement est assailli de demandes, de réclamations ; chaque localité veut, comme telle autre localité favorisée, obtenir aussi une route, un canal, un chemin de fer, et c'est de toute justice ; pourquoi les pays pauvres qui ont contribué par leurs impôts à faire de grands travaux dans les pays riches n'auraient-ils pas aussi chez eux des travaux du même genre ; qu'importe que ces travaux ne puissent jamais rapporter ce qu'ils coûteront ? puiser dans le trésor de l'État le plus que l'on peut, c'est du patriotisme et de l'habileté : chacun pousse ainsi aux dépenses exagérées, et souvent inutiles. Et le gouvernement, profitant de cette manie qui augmente son influence, fait de grands projets qui prêtent aux grandes phrases, aux développements pompeux ; on élève ou on achève des monuments dignes des siècles de Léon X ou de Louis XIV, on réunit le Rhône au Rhin, le Nord et le Midi, l'Océan à la Méditerranée, etc. Il est vrai que les canaux, par exemple, qui doivent opérer ces merveilleux résultats, aboutissent à des rivières à sec ; il est vrai qu'on prend aux communes, pour faire ces travaux gigantesques, l'argent qui leur aurait servi à rendre viables leurs chemins vicinaux, cent fois plus utiles ; il est vrai qu'on appauvrit le pays au lieu de l'enrichir, mais qu'importe? ces travaux sont la gloire de la France et de son administration.

Dans ce grand combat que chaque localité livre au trésor public, les départements les plus riches, et, par conséquent, les plus influents, ceux que l'on tient à ménager et que l'on craint, obtiennent un plus grand nombre de travaux que les pays pauvres, et, par conséquent, sans influence et que l'on ne craint pas; on enrichit les riches et l'on appauvrit les pauvres.

Autre considération :

Le gouvernement doit, autant que possible, ménager les députés de chaque contrée de la France; pour satisfaire un peu chacune d'elles, il commence beaucoup de travaux; mais il ne termine rien que très-lentement, et, comme la plupart de ces travaux sont improductifs, tant qu'ils ne sont pas achevés, l'État dépense, en pertes d'intérêts, le quart, le tiers, la moitié, le double et souvent plus, de la somme principale nécessaire pour les achever.

Presque tous ces travaux sont exécutés ensuite de la manière la plus dispendieuse. L'ingénieur de l'État, n'ayant aucun intérêt personnel à les faire avec économie, ne pense qu'à sa gloire d'ingénieur, l'argent n'est rien pour lui : il oublie complétement que tout travail public doit accroître la richesse publique, et non la diminuer, et que dépenser 100 000 fr., pris au public, pour accroître le revenu général de 500 fr. ou de zéro, est une folie criminelle; il ne verra que la beauté du travail, l'honneur qu'il en retirera, la croix ou la place

d'ingénieur en chef ; il devrait voir, avant tout,
l'utilité du travail.

Le gouvernement a compris qu'il ne pouvait,
sans dilapider la fortune publique, faire exécuter
ces travaux par régie, et qu'il fallait des entrepreneurs ; mais il s'est réservé le droit de faire juger
toutes les contestations qu'il pourrait avoir avec
les entrepreneurs par la justice administrative,
c'est-à-dire, par ses agents révocables à sa volonté,
et d'obliger ces entrepreneurs récalcitrants, fussent-
ils domiciliés à deux cents lieues, à venir plaider
en appel à Paris, devant le conseil d'État ; de sorte
que les ingénieurs, armés en outre de cahiers des
charges très-sévères, sont toujours sûrs de ruiner
les entrepreneurs quand ils le veulent. Quel est
l'homme bien solvable, placé dans une position un
peu élevée, qui voudrait consentir à être entrepreneur des travaux publics ? Bien rarement un homme
ainsi placé, qui par son crédit espérera échapper à
la domination et aux vexations, consentira à en-
treprendre un vaste travail. Presque toujours les
entrepreneurs seront des industriels ayant peu de
chose à perdre, qui se rattraperont, par la mauvaise
confection des travaux et la complicité des agents
subalternes, de marchés onéreux, et ce système a
pour résultat des travaux souvent mal faits et fort
dispendieux.

Mais l'État ne se borne pas à faire exécuter des
travaux publics, il veut les entretenir et souvent
les exploiter.

L'entretien, besogne fastidieuse, sans intérêt et
sans gloire, qui exige partout une surveillance con-

tinuelle et impossible de l'ingénieur, coûte très-
cher, grâce aux entraves de la paperasserie, qui
empêche les réparations de se faire à l'instant
même, grâce au système de régie qui rend souvent
les ouvriers payés à la journée de véritables fai-
néants d'ateliers nationaux ; et quoique l'entretien
coûte très-cher, il est fait souvent d'une manière
incomplète.

L'État exploite lui-même le péage de ses canaux ;
il voudrait commencer à exploiter les chemins de
fer, et alors la routine domine, nulle amélioration,
nul souci de se prêter aux besoins, aux habitudes
du commerce, d'augmenter les recettes, la régie
est fort chère, fort insouciante, et la recette est
nulle ou à peu près.

Aussi voit-on tel canal qui a coûté plus de 60
millions à l'État, et par la perte des intérêts pendant les 60 ans de sa construction, plus de 200
millions, ne rapporter que 1 million à 1 200 000 fr.
nets, opération citée cependant comme une des
plus belles que l'administration ait jamais faites.
Aussi voit-on tel autre canal, qui a coûté plus de
40 millions en capital, et par les pertes d'intérêts
plus de 80, rapporter moins que rien ; et, en définitive, tous les canaux construits et exploités par
l'État, pris en masse, et qui ont enlevé à l'agriculture tant d'hectares des plus riches vallées, ne produisent pas la somme nécessaire pour leur entretien et leur exploitation. Là où l'on a détruit des
richesses on se vante d'en avoir créé.

En résumé, tous les travaux que l'État exécute sont
entrepris presque tous sans raisons suffisantes, exé-

cutés sans aucun esprit d'économie, entretenus très-
chèrement et exploités de la manière la plus déplorable. L'État pour toutes ces opérations se sur-
veille lui-même, c'est assez dire que la surveillance
est nulle ou à peu près. Mieux aurait valu laisser
l'argent que ces travaux ont coûté dans la poche
des contribuables, ils en auraient fait un emploi
bien plus utile.

D'un autre côté, les travaux publics qui sont faits
par des associations particulières à leurs risques et
périls, et par conséquent presque toujours avec des
conditions probables de succès, avec économie, et
qui seraient exploités avec activité et sagesse, ren-
contrent pour premier obstacle le puissant esprit
de corps des ponts et chaussées, très-désireux de
conserver le monopole des travaux publics. Les
projets des compagnies doivent être approuvés par
le conseil supérieur des ponts et chaussées; on entrave leurs demandes, on leur impose des conditions onéreuses, on suspend sans cesse l'épée de
Damoclès sur leur tête, de sorte que le corps des
ponts et chaussées fait mal et empêche de bien faire.

Nos finances ont été profondément altérées par
les dépenses des chemins de fer : et cependant ils
sont beaucoup moins nombreux et moins avancés
en France qu'aux États-Unis, en Angleterre et
même en Allemagne.

Le système des travaux publics de la France,
quoique les ingénieurs soient en général très-in-
struits, très-capables et très-probes, cause une
énorme déperdition de la fortune publique et op-
pose un obstacle perpétuel aux progrès, parce que

c'est le système de la centralisation et du monopole.

## § 3. — L'UNIVERSITÉ.

Le gouvernement, à l'aide de l'Université, donne
l'instruction et l'éducation à toute la jeunesse; il
n'y a que les petits séminaires destinés à faire des
prêtres qui ne soient pas soumis à l'Université.

Cette grande institution est fondée sur le principe despotique que les enfants appartiennent moins
à leurs parents qu'à l'État.

A la tête de l'Université, on voit un ministre
qui change souvent et un conseil formé de vieux
professeurs, qui est à l'instruction publique ce que
le conseil supérieur est aux ponts et chaussées.

L'école Normale, destinée à faire des professeurs,
seule et unique pour toute la France, est l'école
Polytechnique de l'Université.

Le conseil supérieur de l'Université et l'école
Normale ont presque tous les inconvénients du
conseil supérieur des ponts et chaussées et de l'é-
cole Polytechnique que je viens de signaler.

Dans tous les colléges, l'instruction est uniforme;
les livres, les méthodes d'enseignement, le temps
des études sont partout les mêmes; ils ne peuvent
être changés que par le ministre et par le conseil.

Avec ce monopole, cette organisation, cette hiérarchie, tout est immobilisé.

Comment les conseillers qui ont vieilli dans l'enseignement pourraient-ils admettre des innovations?
Ne seront-ils pas disposés à croire qu'on ne peut

rien faire de mieux que ce qu'ils ont fait toute leur vie? Ne regarderont-ils pas toute amélioration comme une critique de leurs actes, de leurs idées, de ce qui leur a valu le plus haut grade de l'Université? Le progrès n'est-il pas frappé d'avance d'utopie, de rêverie, d'innovations dangereuses?

Et, cependant, que de changements et d'améliorations à faire?

On fait apprendre scientifiquement à l'enfance et à la jeunesse des langues mortes; c'est un travail ingrat et, contre nature. L'enfant apprend par les sons, par la mémoire et non par l'analyse. Nous avons appris le français sans efforts, sans nous en douter, pourquoi ne pas apprendre de même le grec et le latin?

On enseigne à la jeunesse, pendant dix ou douze ans, du grec et du latin, et en sortant du collége elle ne sait ni le grec ni le latin ou bien peu, et ne sait à peu près que cela; sans compter que dix jeunes gens sur onze, à leur sortie du collége, ne savent que faire de leur grec et de leur latin, et que presque tous, en apprenant l'histoire des républiques romaine et grecques où la liberté des citoyens se combinait avec l'esclavage des masses et l'omnipotence de l'État, en étudiant les auteurs classiques où l'on voit sans cesse en action la morale fort peu édifiante du paganisme, se sont formé les idées souvent les plus fausses sur leurs propres devoirs et sur le rôle qu'ils doivent jouer dans notre société moderne.

Que d'autres changements à faire encore! mais

comment faire ces changements avec un corps
unique pour toute la France, organisé hiérarchi-
quement, uniformément, n'ayant à sa tête que des
vieillards ?

On prétend néanmoins que les études sont très-
fortes dans les colléges. Erreur complète ! A Paris,
un petit nombre de sujets qu'on prépare pour le
concours général, afin de faire honneur à la pension ou au collége, comme on entraîne les chevaux
de-pur sang pour gagner le prix de la course, ap-
prennent avec ardeur et savent ; mais, en général,
les études sont d'une grande faiblesse.

Il n'y a point de rivalité, de concurrence, et par
conséquent point d'émulation entre des colléges
régis par la même administration et dont les professeurs font tous partie du même corps.

Le ministre est le souverain maître de l'avancement ; presque tous les professeurs sollicitent une
place plus lucrative, comment pourraient-ils s'at-
tacher à un collége qu'ils sont toujours sur le point
de quitter ? Comment, d'un autre côté, les villes
pourraient-elles veiller à la prospérité et aux
bonnes études de leurs colléges, lorsqu'elles n'ont
aucune autorité ni sur les professeurs, ni sur les
élèves, lorsqu'elles n'ont pas autre chose à faire
que de payer les professeurs inconnus au pays et
toujours prêts à le quitter ?

Une sorte de paresse et de langueur s'empare
des professeurs et des élèves, on travaille molle-
ment, le professeur fait sa classe comme un métier,
avec ennui, l'élève fait ses études sans goût et sans
ardeur.

On exige, il est vrai, pour entrer dans presque toutes les carrières, l'épreuve du baccalauréat; le programme en est fort étendu et celui qui saurait bien tout ce qu'il renferme serait certainement un homme instruit. Mais croit-on que le diplôme de bachelier délivré à 3 000 jeunes gens à peu près chaque année, soit une garantie de savoir?

D'un mauvais écolier sorti du collége, on peut en trois mois faire un sujet capable d'être reçu bachelier : il y a des entrepreneurs qui n'ont pas d'autre commerce, c'est une spécialité.

La grande affaire ce n'est pas de savoir parfaitement ce qui est exigé dans le vaste programme du baccalauréat, c'est de savoir ce que demandent les examinateurs. Lorsqu'on a l'habitude de suivre les examens, on connaît son monde, on voit fonctionner la machine, on la sait bientôt par cœur, et, avec un peu de hardiesse, on est sûr du succès. Les examinateurs qui ont le rude métier d'interroger tant de jeunes gens toujours pour le même objet, ne se donnent pas l'ennui de chercher du nouveau; leurs questions sont presque toujours les mêmes. On sait ce qu'il faut répondre, et avec un bagage de science très-mince on est reçu parfaitement bachelier ès lettres.

Seulement revoyez quelques années après le bachelier ès lettres, s'occupe-t-il de littérature, de sciences, d'œuvres d'intelligence? Il lira des romans et les journaux du cercle, mais aura parfaitement oublié le peu de grec et de latin qu'il avait appris.

Jamais dans les villes de province plus grande

pénurie d'hommes instruits; jamais il n'y a eu plus de bacheliers.

Mais si l'instruction laisse beaucoup à désirer, que dirons-nous de l'éducation?

Les maîtres de pension, autorisés par l'Université, sont souvent des industriels pour qui le bénéfice est chose plus importante que la moralité de leurs pensionnaires.

Les principaux des colléges communaux sont souvent des industriels du même genre, qui sollicitent sans cesse du ministre un collége meilleur, c'est-à-dire une boutique plus achalandée.

Les proviseurs et les censeurs des lycées ont, il est vrai, des traitements fixes, ils ne peuvent spéculer sur la soupe de leurs élèves, mais la plupart sont moins occupés de la moralité et de l'éducation des élèves que des moyens d'obtenir une place d'inspecteur ou de recteur.

L'élève est une marchandise, un marchepied.

Si encore on se contentait de l'exploiter à son profit, mais sans gâter son esprit et son cœur; le mal ne serait pas très-grand de lui apprendre peu, mais on lui apprend à douter de tout.

L'État n'a point de religion, puisqu'il protége toutes les religions également, puisqu'il donne l'instruction et l'éducation aux jeunes gens des différentes religions. Les professeurs, les maîtres de pension, les maîtres d'études sont souvent de religions différentes ou sans religion; ils détruisent souvent dans l'esprit et le cœur de l'adolescent les croyances que le prêtre et la mère de famille avaient données à l'enfant. Enfin les études classiques se terminent par une année obligée de philosophie.

Voilà bientôt quelques milliers d'années que les philosophes se disputent, et il est probable qu'il se passera bien des siècles avant qu'ils puissent se mettre d'accord. Le résultat le plus certain de ces études philosophiques imposées à des jeunes gens qui commencent à sentir toute l'effervescence des passions, de ces études où la raison seule prétend expliquer la destinée de l'homme, c'est le doute sur les doctrines, les dogmes, les devoirs, le doute sur tout; ces jeunes gens qui vont entrer dans le monde auront perdu en moralité et en vertu bien plus qu'ils n'auront gagné en science.

Mais au moins, dira-t-on, l'Université, en rendant les idées, les habitudes uniformes, prévient les haines entre les classes et les guerres civiles. On se trompe.

L'Université donne dans ses colléges une instruction classique et littéraire qui ne convient qu'au petit nombre de personnes qui peuvent vivre de leurs rentes ou embrasser avec succès une profession libérale. On continue à imposer à une nation démocratique une instruction qui ne convenait qu'à une nation aristocratique : aberration d'esprit incroyable et que la France paye cher! Entre le collége et l'école primaire, il n'y a point d'instruction professionnelle utile aux ouvriers intelligents et aux jeunes gens qui se destinent aux affaires industrielles et commerciales. Le désir de s'élever est général : la France démocratique est encore pleine des idées et des préjugés de la France aristocratique; on proclame tous les hommes égaux, on fait de belles phrases sur la dignité du travail et

trop souvent l'ouvrier est disposé à rougir pour
ainsi dire du travail manuel et en désire un autre
qu'il croit plus noble. Beaucoup de fils d'artisans
reçoivent soit dans les colléges, soit dans les petits
séminaires qu'ils quittent souvent sans se faire prêtres, cette instruction classique dont la plupart ne
savent ensuite que faire. Toutes les carrières libé-
rales sont encombrées, pour la moindre place on
voit une foule de solliciteurs haletants ; cette
instruction ne donne ni place, ni clientèle, ni
pain à ces victimes de la vanité paternelle, et
les empêche de reprendre l'état de leur père et de
vivre avec leurs bras. Malheureux, aigris contre la
société où ils sont déclassés, ils cherchent une position, une place, un refuge contre la misère et un
remède aux souffrances de leur vanité dans une
révolution qui, excitant toujours plus d'appétits
qu'elle ne peut en contenter, est bientôt suivie
d'une révolution nouvelle.

Quant à l'instruction primaire qui apprend la
lecture et l'écriture, un peu d'arithmétique, de géo-
graphie et d'histoire, elle a été organisée en dehors
de l'influence du clergé. L'instituteur, souvent rival
du curé et mentor du maire, ne peut être répri-
mandé, suspendu, changé ou révoqué que par
un comité très-nombreux; il a plus de garanties
d'indépendance que les plus hauts fonctionnaires
de l'État, il est inamovible, et ce personnage
si important, chargé par l'instruction de la jeunesse de l'avenir du pays, peut avoir une conduite
fort peu édifiante, des idées fausses et dangereuses;
il peut n'avoir ni foi ni loi. A Dieu ne plaise que

ces mots s'appliquent à tous les instituteurs, il en
est un grand nombre qui remplissent admirablement leurs fonctions, mais personne ne contestera
la grandeur du mal. Certaines personnes, il est
vrai, prétendent que l'instruction moralise toujours et que les lumières seules, plus répandues,
rendent les hommes meilleurs. Erreur complète !
c'est l'éducation qui moralise et non l'instruction.
Donner à toute la jeunesse pauvre de l'instruction
sans religion, c'est multiplier la force des passions,
sans leur prescrire de règles, c'est exciter des désirs
immenses qui ne seront jamais satisfaits, c'est jeter
des armes et de la poudre aux mains de la multitude sans lui apprendre à s'en servir, c'est préparer
des catastrophes, rendre la véritable liberté impossible et le despotisme une nécessité.

# CHAPITRE III.

Si la centralisation et les institutions qui en découlent me semblent un fléau pour mon pays, je pourrais en dire autant de systèmes ou de principes regardés généralement comme indispensables au bonheur des Français et à la puissance de la France.

## § 1. — L'INDUSTRIE.

Tous nos gouvernements avaient été tellement frappés du spectacle merveilleux de la puissance anglaise, attribuée à son commerce et à son industrie, qu'ils ont tous cherché à l'envi les moyens de faire de la France une nation industrielle. Ils ont en conséquence prohibé ou chargé de droits les objets manufacturés provenant des puissances étrangères, sans penser aux représailles si fatales à notre marine ; ils ont accordé des primes d'encouragement aux industries indigènes, décerné des récompenses de toutes sortes aux industriels.

Il y avait bien cependant aux avantages de l'industrie anglaise plus d'un inconvénient ; le paupérisme avait marché du même pas que l'industrie, mais on ne vit que le beau côté, on ne voulut pas retourner la médaille.

Depuis la paix surtout toutes les idées se portè-
rent du côté de l'industrie, on ennoblit le désir
de gagner de l'argent par un sentiment de patriotisme ; l'Europe devenait pacifique, elle se faisait
industrielle, il fallait que la France dans cette nouvelle phase de l'humanité fût encore au premier
rang ; la furie française qui venait de se ruer dans
des combats gigantesques se précipita dans les luttes industrielles.

Mais aux rêves dorés, succéda la triste réalité,
le paupérisme, en France comme en Angleterre,
marcha du même pas que l'industrie.

L'industrie manufacturière produit, elle n'est
jamais sûre de vendre. Plusieurs de ses produits
dépendent du caprice de la mode, tous dépendent
de l'aisance plus ou moins grande de la population et qui varie chaque année. Si les récoltes sont
mauvaises, avant d'acheter des objets manufacturés on pense à acheter ce qui est nécessaire à la
vie. Vous fabriquez cette année, que vendrez-
vous l'année suivante ? la production peut à
chaque instant dépasser la consommation, alors
les manufacturiers se ruinent ou arrêtent leurs
travaux, les ouvriers sont inoccupés ; que de dé-
tresses, de misères, de ruines !

L'industrie agricole n'est pas dans cette position
déplorable, plus ses récoltes sont abondantes plus
la masse de la population est heureuse ; l'agriculteur pourra se trouver alors gêné d'argent, mais
il aura toujours en abondance les choses nécessaires à la vie tandis que l'ouvrier des manufactures
ne recevant pas son salaire ordinaire lorsque la

vente des produits manufacturiers s'arrête, se trouve privé des choses absolument indispensables à son existence et tombe dans une misère affreuse.

Ces crises causées par un excès de production sont rendues plus fréquentes par la concurrence intérieure et par la concurrence étrangère qui sont extrêmes.

Toutes les grandes nations de l'Europe veulent être industrielles, produire non-seulement les objets nécessaires à tous leurs citoyens mais les objets nécessaires à tous les hommes du globe pour ainsi dire, elles se font une concurrence sans paix ni trêve ; elles rapprochent l'époque des crises, elles les rendent plus terribles, elles accroissent à l'envi la misère des ouvriers industriels.

Dans cette guerre, la France n'est pas celle qui a éprouvé le moins de désastres.

Mais elle s'est exposée à une crise qui peut être encore plus terrible. Elle a fait les plus grands efforts, les plus grands sacrifices pour naturaliser chez elle des industries immenses dont elle n'a pas, dont elle n'aura jamais sur son sol la matière première placée au delà des mers, de sorte qu'une guerre avec une puissance maritime supérieure obligerait de fermer des manufactures, qui comme celles du coton occupent plus de 600 000 ouvriers réduits alors à la mendicité.

Mais ces considérations ne sont pas les seules.

L'expérience a démontré que plus une industrie est considérable, plus elle peut donner ses produits à bon marché, parce que les frais généraux écrasent une petite industrie ; dès lors les vastes établissements se sont multipliés parce que dans la guerre de l'industrie la victoire est aux gros capitaux.

L'invention des machines donna à cette tendance une puissance irrésistible. Ces producteurs merveilleux, dont un seul fait le travail de cinquante, de cent, de mille hommes ne peuvent être exploités que par des manufacturiers ou des associations assez riches pour acheter des masses énormes de matières premières que manipulent ces ouvriers gigantesques et infatigables.

Chaque jour les petites manufactures, les petites usines, les industries de famille disparaissent ; le petit fabricant devient contre-maître ou manœuvre ; tandis que le sol de la France se subdivise en une multitude innombrable de petits propriétaires cultivateurs, l'industrie s'agglomère, se concentre de plus en plus en un petit nombre de mains ou d'associations ; les hommes libres de l'industrie diminuent, la multitude des prolétaires qui restent tous dans la faiblesse et l'égoïsme de l'isolement et de l'individualisme augmente rapidement, et ces soldats ilotes de l'industrie sont de plus en plus entassés pour leur vie dans de grandes casernes qu'on appelle manufactures.

Cette agglomération d'ouvriers des deux sexes, dans de grands ateliers où ils font toujours le même travail, a pour résultat de les réduire, pour ainsi dire, à l'état de machines, de les exposer à une dépravation précoce, de les dégrader au physique et au moral. Cette population est tellement abâtardie, que dans presque tous les districts

manufacturiers, on ne peut trouver des jeunes gens
valides en quantité suffisante pour satisfaire au
contingent annuel de recrutement.

Ce système rend les ouvriers manufacturiers plus
malheureux sous plus d'un rapport que les serfs
attachés autrefois à la glèbe. Ces derniers jouis-
saient au moins du grand air, du soleil, leur travail ne les rendait pas chétifs, étiolés, vieillards à
trente ans. Les ouvriers des manufactures ont sans
doute la liberté d'aller où ils veulent, mais où
iront-ils? Accoutumés à leur travail mécanique,
toujours le même, ils ont perdu la force de travailler à la terre ou à un autre métier; ils ne peuvent
trouver leurs moyens d'existence que dans les manufactures; dès lors à quoi bon changer de pays?
ils trouveront à Elbeuf où à Lille l'encombrement
de Mulhouse ou de Lyon; la misère les suivra, ils
l'auront aggravée par leurs dépenses de voyage.
Ils souffriront, ils s'étioleront dans un autre lieu;
voilà tout l'avantage que leur donnera la liberté.
Et l'on s'applaudit de nos progrès industriels! Malheureux progrès qui ont accru le nombre des hommes voués à l'abrutissement, à la dégradation physique et morale! Malheureux progrès qui ont donné
à tant de pauvres souffreteux la maladie conta-
gieuse de la misère qui menace de faire tant de
ravages dans le reste de la société!

Trouverons-nous une compensation dans l'élé-
vation du petit nombre de familles qui deviennent
riches par l'industrie? Mais quoique leurs chefs
aient en général les qualités les plus honorables
de l'homme privé, elles forment une aristocratie

changeante qui ne peut donner à la nation un gouvernement stable et puissant.

## § 2. — GOUVERNEMENT REPRÉSENTATIF.

Pendant longtemps on a regardé, et beaucoup de personnes regardent encore le gouvernement représentatif comme le remède à tous les maux, comme la source de toutes les améliorations et de toutes les prospérités.

Cette foi dans ce système de gouvernement est quelque peu ébranlée aujourd'hui.

En France, jusqu'au 24 février 1848, le système représentatif où le petit nombre était électeur, se combinait avec une centralisation extrême.

Voici le résultat : la plupart des électeurs donnaient leurs voix en échange de places ou d'autres avantages personnels, ou du moins en échange de l'espérance de les obtenir ; les députés étaient les humbles serviteurs de leurs électeurs influents, le gouvernement l'esclave des députés qui pouvaient le renverser, et les députés étaient eux-mêmes les courtisans du gouvernement qui pouvait refuser ou accorder des avantages, des faveurs pour eux-mêmes ou pour leurs électeurs. Le nombre des places et charges publiques allait ainsi toujours croissant ; il fallait trouver dans le trésor public les moyens de gagner les opposants, de récompenser le zèle et de satisfaire les affamés ; seulement on était sans cesse exposé au danger d'éveiller plus d'appétits qu'on ne pouvait en assouvir.

La Chambre des députés était composée en grande majorité de fort honnêtes gens, mais sans études politiques approfondies, sans expérience des grandes affaires, devenus hommes d'État par la grâce de l'élection, commençant leur carrière politique à un âge où le temps d'apprendre est passé, où les habitudes de l'esprit sont prises et ne changent plus. Leur vie s'était passée dans des occupations subalternes qui rétrécissaient leur esprit au lieu de l'étendre, comment seraient-ils devenus tout à coup de véritables hommes d'État? Ils avaient toujours vu les objets par leurs détails, comme les myopes; on avait beau les placer sur un point élevé, leurs regards ne pouvaient embrasser un vaste horizon; ils regardaient sans voir.

La Chambre des pairs composée d'hommes arrivés au déclin de leur vie, presque tous fonctionnaires publics, parvenus aux plus hauts grades de leur carrière autant par un dévouement factice aux divers gouvernements de la France que par leurs services, était un corps sans énergie, sans initiative, sans influence, ossifié pour ainsi dire. Sans doute il y avait dans son sein des hommes d'expérience, de connaissances positives, qui pouvaient donner de sages et utiles conseils, mais le corps était sans indépendance, sans vie; la puissance quelle qu'elle fût, populaire ou monarchique, pouvait sans crainte le mettre au tombeau. Il ne devait pas même laisser de regrets, ni faire verser une larme.

La dégradation des âmes, l'accroissement incessant des impôts et des dépenses improductives, l'affaiblissement de la France étaient la conséquence d'un pareil système, de pareilles institutions. On marchait à la décadence.

Nous verrons si le système républicain améliorera cette triste position ; ce que l'on peut affirmer c'est que si la centralisation comme plusieurs décisions de l'Assemblée nationale l'indiquent est non-seulement conservée mais agrandie, si l'État continue à absorber de plus en plus l'activité et le génie individuels, l'immense majorité des hommes un peu lettrés sera toujours et encore plus affamée de places, le gouvernement s'applaudira de trouver tant de millions à sa disposition, de faire taire les opposants par des faveurs à distribuer, des destitutions à infliger ; on fera exécuter encore plus de travaux par l'État, on donnera encore au gouvernement plus d'influence sur les hommes et sur les choses, les impôts seront encore plus considérables, la fortune publique plus compromise, les hommes plus serviles, plus médiocres, plus incapables de se conduire et d'agir par eux-mêmes, les révolutions plus fréquentes et plus stériles, la décadence matérielle et morale sera encore plus rapide, et nous donnerons au monde le spectacle de la dégradation du Bas-Empire.

# CHAPITRE IV.

## ÉTAT DE L'AGRICULTURE ET DE LA PROPRIÉTÉ RURALE.

L'agriculture est toujours la plus grande richesse d'un peuple ; l'exemple de l'Angleterre le démontre. Certes c'est la première nation du monde pour l'industrie, le commerce et les capitaux ; bien des Français s'imaginent que son agriculture n'est rien en comparaison ; eh bien, le résultat de l'*income-tax* a prouvé que le revenu net de toute l'industrie, de tout le commerce, de tous les capitaux mobiliers de l'Angleterre atteint à peine aux deux tiers du revenu net des maisons et de l'agriculture anglaise (B).

Le bien-être ou la misère d'un peuple, sa stabilité féconde ou ses révolutions stériles, sa grandeur ou sa décadence dépendent souvent de l'état de son agriculture.

On vante officiellement les merveilleux progrès de l'agriculture française qui accroît rapidement la grandeur nationale et le bien-être des masses. Examinons.

### § 1er. — AGRICULTURE MÉDIOCRE. — PEUPLE MAL NOURRI. — QUELLES EN SONT LES CAUSES.

La France, qui est peut-être le pays de l'Europe où l'on consacre la plus forte partie du territoire à la culture des céréales, souvent n'a pas assez de grains. De 1816 à 1845 inclusivement, pendant trente-deux ans, elle a reçu de l'étranger pour sa consommation 31 699 925 hectolitres estimés 717 192 369 fr. C'est en moyenne près de 22 millions et demi par an.

Elle reçoit, en outre, chaque année et consomme pour 5 à 6 millions de riz.

Malgré des droits d'entrée assez forts, la France achète chaque année pour 8 à 9 millions de bêtes bovines et de bêtes ovines;

Pour 8 à 9 millions de chevaux;
Pour 6 à 8 millions de suif;
Pour 20 à 30 millions de peaux brutes;
Pour 30 à 50 millions de graines oléagineuses;
Pour 50 à 60 millions de soie;
Pour 20 à 30 millions d'huile d'olive;
Pour 20 à 30 millions de lin et de chanvre;
Pour 40 à 50 millions de laine, sans compter 40 à 45 millions de bois [1].

Plus d'un bon patriote s'écriera, mais ce n'est pas possible! notre belle France ne peut pas être si pauvre qu'elle ait à demander aux étrangers pour plus de 250 millions par an de produits agri-

---

[1] Je sais bien qu'une partie de ces objets servent à nos industries qui exportent une plus grande quantité d'objets manufacturés, mais si notre agriculture était très-prospère, elle suivrait les progrès de l'industrie; et dans tous les cas, puisque les étrangers nous fournissent les matières premières analogues à celles que donne notre agriculture en quantités de plus en plus considérables, c'est évidemment parce qu'ils accroissent leurs produits plus que nous.

coles; vous vous trompez. Hélas! non je ne me trompe pas, voyez les registres de la douane, ils ne disent même pas toute notre misère, car la contrebande n'y figure pas.

Encore si l'on pouvait croire que ces importations ont été rendues nécessaires par l'accroissement extraordinaire de notre population, mais nous avons vu au contraire que c'était en France où la population s'accroissait le plus lentement.

Si la population n'augmente pas rapidement, dira-t-on, au moins elle jouit d'un grand bien-être, rien ne lui manque de ce qui est nécessaire à la vie; le peuple est bien logé, bien vêtu et surtout bien nourri.

Pour le logement et le vêtement il y a des progrès réels, quoique cependant un bien grand nombre de Français habitent des logements étroits et malsains dans les villes, et des cabanes sans jour et sans carrelage dans les campagnes; quoique des espèces de haillons couvrent encore un bien grand nombre de malheureux qui grelottent aux premiers froids; mais, parlons des aliments, les Français s'ils sont moins mal nourris qu'autrefois, sont-ils bien nourris comme on le prétend?

L'immense majorité ne mange presque jamais de viande de boucherie, et cela par la très-bonne raison qu'il n'y a pas assez de bétail en France pour qu'elle puisse en manger; elle doit se contenter de la viande de porc et encore en petite quantité. En voici la preuve, d'après la statistique générale du royaume, publiée par le ministre en 1837, et qui a été faite avec l'idée, non pas de déprécier, mais de démontrer et d'exalter au contraire les progrès de la France; la moyenne de la consommation de la viande de boucherie, serait, par chaque habitant, de 11 kilog. 35 par an; 1 once par jour ! Certes, ce serait bien peu, mais lorsque l'on voit dans le même travail 85 villes, chefs-lieux de département, dont la population totale était de 2 990 358, absorber à elles seules 2 284 456 animaux de la race bovine et de la race ovine sur 9 503 904 que l'on tue dans la France entière, il est bien évident que la grande majorité des Français ne peut manger de la viande de boucherie que par hasard.

Quant à la viande de porc, la moyenne, par chaque habitant, est de 8 kilog. 65 par an, soit un peu plus de deux tiers d'once par jour !

Si au moins les Français mangeaient tous du bon pain; mais plus du tiers des Français ne mangent que du pain d'orge ou de seigle, et ont pour supplément à une aussi mauvaise nourriture, des châtaignes, du maïs, du sarrasin, des pommes de terre et des légumes secs. Dans certains départements les malheureux mangent même de l'avoine.

D'après la statistique officielle, qui reconnaît que chaque habitant n'a en moyenne par année que

1 hectolitre 72 en froment
0            33 en méteil
0            66 en seigle
0            41 en orge, avoine, maïs,

sarrasin et châtaignes; chaque Français aurait en

moyenne 18 onces de pain, dont plus des deux cinquièmes de qualité inférieure à manger par jour, plus la très-maigre pitance en viande, c'est-à-dire qu'une partie des Français auraient continuellement faim s'ils n'avaient pas un supplément dans les pommes de terre, les légumes et le laitage.

Il est vrai qu'on regardera sans doute comme un supplément de nourriture le vin, la bière et le cidre. La statistique estime la moyenne de ces trois boissons à 1 hectolitre 12 par an et pour chaque personne ; ce ne serait pas un tiers de litre par jour, et lorsque l'on examine que toutes les personnes un peu aisées boivent au moins le double, il demeure évident qu'une très-grande quantité de Français ne boivent que de l'eau à peu près pendant toute l'année.

En résumé, le peuple français, malgré la fertilité de son sol, est médiocrement ou mal nourri et cela après une longue paix interrompue seulement par quelques expéditions au dehors bientôt terminées.

Quelles sont les causes de la lenteur des progrès agricoles en France ? Il en est plusieurs.

§ 2. — L'AGRICULTURE MANQUE D'INTELLIGENCES, DE CAPITAUX ET DE BRAS.

Pour prospérer l'agriculture a besoin d'intelligences, de capitaux et de bras ; le proverbe qui dit : *Pauvre agriculteur, pauvre agriculture*, est rigoureusement vrai (E).

Or, la France, telle que la centralisation et la bureaucratie nous l'ont faite, est une nation de fonctionnaires et d'industriels. L'immense majorité des gens qui ont reçu une instruction même fort médiocre, ou est fonctionnaire public, ou aspire à le devenir. Le nombre des fonctionnaires payés est actuellement de 535 365 (voy. le Budget de 1850, page 64, I<sup>er</sup> vol.). Sur 16 hommes en France il y a un fonctionnaire public payé, et si on compte les soldats, et les marins, sur neuf hommes il y en a un qui vit sur les budgets de l'État, des départements ou des communes. Cet état de choses a un double effet désastreux ; non-seulement la France agricole s'épuise à payer ses fonctionnaires et ses défenseurs, mais l'élite de la population française, au lieu de consacrer ses capitaux, son activité, son intelligence, à faire par elle-même, à produire, à enrichir notre pays, n'est occupée qu'à solliciter, administrer et maintenir l'ordre à l'intérieur et la sécurité à l'extérieur.

S'il y a d'un autre côté dans un village, un jeune homme, plus intelligent ou plus riche que les autres habitants, qui pourrait faire progresser l'agriculture, presque toujours il quittera son village pour prendre un métier ou une boutique ; son nouvel état lui semblera plus lucratif et plus noble que la charrue et la culture des champs.

Quant au petit nombre de grands ou de moyens propriétaires vivant de leurs revenus, très-peu sont agriculteurs, la plupart habitent une grande partie de l'année dans les villes, et ne s'occupent de leurs terres que pour en toucher les revenus. Est-il éton-

nant que, dans la majeure partie de la France,
l'agriculture se traîne dans la vieille routine? Où
le petit cultivateur apprendrait-il des méthodes
nouvelles? et lors même qu'il les connaîtrait, pourrait-il les appliquer? Il a bien juste le nécessaire,
il n'a rien à perdre, et vous voulez qu'il risque sa
semence, sa terre, sa peine sans être sûr du succès?
Il ne peut rien donner au hasard; s'il voit près de
lui un voisin réussir complétement dans une mé-
thode nouvelle pendant deux, trois, quatre années,
alors, il profitera de l'expérience, il fera comme ce
voisin plus instruit et plus riche; mais s'il n'a pas
l'exemple du succès sous les yeux, il ne tentera rien
de nouveau, et, malheureusement, comme il n'y a
point d'exemple de ce genre dans une foule de localités, comme on détruit les domaines qui pourraient les donner ou comme on ne les utilise pas
convenablement, tout reste à peu près dans la
vieille routine.

L'agriculture a besoin d'argent; tout progrès
agricole ne peut s'obtenir qu'avec une plus grande
dépense; il faut de l'argent pour cultiver plus soi-
gneusement, assainir, défricher, obtenir des récoltes plus variées et plus abondantes; il faut de
l'argent pour avoir un plus grand nombre de bestiaux, pour construire les bâtiments nécessaires à
des récoltes plus considérables, à des bestiaux plus
nombreux; sans argent, le progrès est impossible.
Mais le nombre des fermiers riches est bien peu
considérable en France, et très-peu de propriétaires
consacrent à leurs domaines l'argent nécessaire
pour leur faire produire tout ce qu'ils pourraient

7

produire. La plupart de ceux qui ont des capitaux aiment mieux les placer de toute autre manière; une foule de propriétaires sont gênés et toujours à la veille de vendre leurs domaines, afin de placer leur argent dans des spéculations industrielles, qui leur donneront ou leur promettront plutôt des revenus plus élevés.

Tout notre système financier a pour résultat d'attirer au centre une masse énorme de capitaux, soit par l'impôt, soit par les dettes et les emprunts de l'État, soit par les caisses de dépôt et consignation et d'épargne, soit par le privilége d'une banque unique; tous ces capitaux sont bien ensuite rendus à la circulation, mais sans avoir servi en rien aux améliorations agricoles.

Quant au paysan propriétaire, qui aujourd'hui possède la plus grande partie du sol français, il donne à la terre ses bras, sa peine, et il les donne avec une grande énergie; mais au lieu d'employer ses économies à l'amélioration du champ qu'il cultive, il les emploie à l'acquisition d'un champ nouveau, et s'il a l'argent nécessaire pour acheter un hectare, il en achètera deux, dans l'espoir, quelquefois trompé, que son travail excessif et de bonnes récoltes lui permettront de payer le second; aussi presque tous les paysans ont-ils des dettes, et plus d'un est sans cesse menacé d'expropriation.

Enfin, l'impôt foncier et des impôts de toute nature enlèvent continuellement à l'agriculture son argent le plus clair. Le fisc perçoit directement, chaque année, en moyenne, le septième au moins du revenu net du sol français; certaines natures de propriété, comme les vignes, par exemple, sont accablées par des impôts indirects, supérieurs quelquefois à la valeur réelle de la récolte ; et, sans parler des droits d'hypothèques, des droits de timbre et d'enregistrement sur les procès et sur les ventes, le fisc, attaquant le principe de la propriété héréditaire, perçoit, à la mort de chaque propriétaire, au moment où son héritier est accablé de frais de toutes sortes, des droits qui absorbent, selon le degré de parenté, depuis le quart d'une année de revenu, jusqu'à deux années entières, et cela, sans avoir égard aux charges et aux dettes de la succession ; de sorte, qu'à chaque mutation, le nouveau propriétaire est presque toujours obligé de s'endetter ; comment alors pourrait-il faire des améliorations ?

Chaque année, le fisc perçoit des sommes très-considérables sur les ventes de biens immeubles, et ces ventes s'élèvent à un chiffre énorme et toujours croissant. Dans les dix années de 1826 à 1835, la valeur officielle des biens vendus s'est élevée à 11 milliards 481 millions, soit en moyenne 1 milliard 148 millions annuellement ; dans les cinq années de 1836 à 1840, elle a été, en moyenne, chaque année, de 1 milliard 307 millions ; dans les sept années de 1841 à 1847, la valeur officielle des immeubles vendus s'est élevée annuellement, et en moyenne, à 1 milliard 568 millions ; dans les vingt-deux années de 1826 à 1847, il s'est vendu des immeubles pour une valeur officielle de 29 milliards 301 millions ; et la valeur réelle était encore plus considérable, puisque souvent on la dissimule

afin de payer moins de droits. Cela n'est-il pas
une preuve de la détresse des propriétaires? Et,
dans tous les cas, il est évident qu'en France une
masse énorme de capitaux sont consacrés, non pas
à l'amélioration du sol, mais à son acquisition. On
regarde généralement cette mobilité du sol comme
un grand bien politique ; tout ce que je sais, c'est
qu'il n'y a pas de plus grand obstacle à l'amélioration et à l'accroissement de la production agricole.

Au reste, des renseignements officiels nous font
connaître combien, en général, l'agriculture manque de capitaux, et dans quelle détresse effroyable
se trouvent la plupart des propriétaires.

Nous avons vu plus haut que la dette hypothé-
caire, portant intérêt, était au moins de 12 milliards
et demi, et le nombre des ventes forcées va sans
cesse en augmentant : en 1841, 4 016 saisies immobilières ; en 1847, 7 659 ; en 1841, 555 ventes
de biens dépendant de successions bénéficiaires ;
en 1847, 719 ; en 1841, 311 ventes de biens de
faillis ; en 1847, 526.

Les intérêts de la dette inscrite ou non inscrite,
sur la propriété foncière, absorbent plus du tiers
de son revenu total. Avec une dette aussi énorme,
comment croire que l'agriculture possède les capitaux nécessaires à ses progrès ?

Est-il étonnant que les ouvriers des campagnes,
ne trouvant que des travaux peu lucratifs dans
leurs villages, cherchent ailleurs des journées plus
largement rétribuées ?

D'immenses travaux publics coïncidant avec
la création de nombreuses usines particulières et

de quartiers nouveaux dans les grandes villes,
ont enlevé à l'agriculture un grand nombre de bras.

Ce sont les travailleurs les plus énergiques qui
ont été tentés par l'appât d'un salaire que ne pouvait pas leur offrir l'industrie agricole. Restés aux
travaux des champs, ils auraient fait produire à la
terre bien plus que leur consommation personnelle ; employés à des travaux de chemins de fer,
de canaux, de maisons, d'usines, de monuments,
ils ont consommé sans rien produire, car la plupart de ces travaux sont par eux-mêmes improductifs, ou ne rapporteront que plus tard en facilitant
un jour les échanges et les progrès de l'agriculture.

Ainsi, l'agriculture manque d'intelligences, de
capitaux et de bras.

§ 3. — MORCELLEMENT DU SOL.

Mais il est une autre cause de ruine, pour l'agriculture française, plus désastreuse encore : c'est le
morcellement excessif du sol.

Nous ne voulons pas ici faire un parallèle entre
la grande et la petite culture, examiner quelle est
la plus productive. Il s'agit, non pas de la division
du sol entre les familles, mais du morcellement de
la propriété d'une famille en plusieurs parcelles.

En 1824, on avait fait une loi qui, pour favoriser les réunions, réduisait à 1 franc le droit sur
l'échange des propriétés contiguës. Sous prétexte
de fraude, on l'a rapportée en 1834 ; et cependant
la réunion des parcelles serait de la plus haute
importance.

En 1842, le nombre des cotes foncières s'élevait à 11 millions et demi (11 511 841); mais le nombre des parcelles est infiniment plus considérable. Au 1er septembre 1834, là France était partagée en 123 millions de parcelles (123 360 338); depuis cette époque, le nombre a dû augmenter encore, puisqu'on a fait une multitude de ventes en détail, et que dans beaucoup de localités l'usage des cultivateurs est de partager, dans une succession, toutes les pièces en autant de parties qu'il y a d'héritiers. Déduisons de ce chiffre, pour l'objet qui nous occupe, le nombre des propriétés bâties : en 1840, il s'élevait à 6 867 235. Il faut ensuite en déduire un certain nombre de parcelles, parce que, dans une propriété d'un seul tenant, le cadastre aura indiqué autant de parcelles qu'il y avait de natures de culture ; faisons encore pour cette cause une large diminution, au delà du vrai, de 16 millions et demi : il restera 100 millions de parcelles pour toute la propriété rurale de la France ; tandis que, si chaque propriétaire avait les terrains qu'il possède réunis dans un seul tenant, il ne devrait pas y avoir plus de parcelles que de cotes foncières, c'est-à-dire 11 millions et demi.

Comme la totalité du territoire français ne contient pas même 50 millions d'hectares (49 863 610) en propriétés imposables, la moyenne de la contenance de chaque parcelle serait à peine d'un demi-hectare; mais comme sur ces 50 millions d'hectares, près de 7 millions et demi (7 422 314) en bois, et près de 8 millions (7 799 672) en landes, pâtis et bruyères, sont possédés, en grandes masses généralement, par l'ancienne liste civile, l'État, des particuliers riches et les communes ; comme d'un autre côté il existe encore un certain nombre de domaines agglomérés, il est évident que pour les 30 à 35 millions restants la contenance moyenne des parcelles doit s'abaisser bien au-dessous de 50 ares, et qu'une multitude de parcelles doivent être excessivement petites.

Quel est le résultat obligé de ce morcellement excessif ?

Pour la culture de la vigne et des jardins, là où il faut cultiver à la pioche et à la bêche, le morcellement n'a pas des inconvénients intolérables, et voilà pourquoi la culture de la vigne tend à s'étendre, mais pour toutes les autres cultures, c'est un fléau.

Au lieu d'une ou deux pièces de terre à sa portée, le cultivateur en a vingt, trente, disséminées sur tout le territoire de la commune, à droite, à gauche, au nord, au midi ; que de disputes, de procès, d'argent et de temps perdus pour des raies de champs volées, pour des passages à travers les parcelles des voisins ! En 1834, 491 797 affaires ont été portées au jugement des tribunaux de justice de paix ; en 1846, le nombre s'est élevé à 636 978.

Le cultivateur perd son temps à courir d'une parcelle à une autre chaque fois qu'il faut labourer, piocher, conduire des engrais, semer, sarcler, récolter. Que de temps perdu lorsqu'il faut tourner à l'extrémité d'un sillon trop court ! Que de semences perdues le long de champs si étroits ! Le nombre des animaux employés à la culture qui ne rapportent rien, et enlèvent, au contraire, pour leur nourriture, une partie du produit de la terre, est ainsi beaucoup plus considérable qu'il ne devrait l'être. Les animaux improductifs se multiplient aux dépens des hommes.

Avec de petits champs disséminés, enchevêtrés et enclavés dans un pays où la vaine pâture existe, il est impossible de tenter des améliorations parce que la dent affamée des moutons de la bergerie détruirait sans cesse vos récoltes nouvelles, parce que vous seriez en butte à l'animadversion générale. Tout est frappé d'immobilité.

Il est un principe qui domine toute l'agriculture; sauf quelques coins de terre privilégiés, la terre a besoin pour être féconde d'engrais abondants; le proverbe populaire, *point de fumier, point de blé*, est en général exactement vrai, seulement on doit l'étendre et dire : sans engrais point de récoltes abondantes en pommes de terre, en graines oléagineuses, en lin, en chanvre, en plantes commerciales et même en vin.

Or, il n'y a qu'un seul moyen d'obtenir des engrais en abondance, c'est d'avoir beaucoup de bétail; c'est donc le bétail qui fait venir le blé, qui donne les moyens de substituer la culture du blé à celle du seigle, et qui accroît, en définitive, la quantité et la qualité de toutes les récoltes. Et par un admirable bonheur, ces animaux qui servent à faire venir toutes les plantes utiles à l'homme, sont ensuite par eux-mêmes la plus grande richesse du pays.

Tout en eux est utile.

Leurs poils servent à faire la bourre nécessaire

à plusieurs usages ; leurs cartilages font de l'huile, leurs os brûlés raffinent le sucre et sont ensuite un puissant engrais pour toutes sortes de récoltes ; leurs suifs servent à faire de la chandelle et même de la bougie ; sans leurs cuirs, on n'aurait ni harnais, ni tabliers indispensables dans une foule de métiers, ni souliers, ni bottes, ni voitures couvertes.

Sans les troupeaux de brebis, point d'habits de laine, si précieux pendant la saison froide et humide.

Enfin, les bêtes bovines et ovines sont la nourriture la plus agréable et la plus substantielle de l'homme ; elles sont en outre le grand préservatif contre la disette causée par l'insuffisance d'une ou deux récoltes de céréales.

Presque toutes les manufactures ne font que manipuler et transformer en vêtements ou autres choses utiles à l'homme les dépouilles des animaux.

On peut dire, avec certitude de ne pas se tromper : sans bestiaux, misère et barbarie ; plus un pays nourrit de bestiaux, plus il est riche, plus il y a de bien-être général.

Le morcellement du sol par petites parcelles est essentiellement contraire à l'élève et à la nourriture des bestiaux.

Les créations de prairies naturelles, les irrigations qui doublent, triplent le produit, les clôtures qui permettent de laisser les animaux en liberté jour et nuit et de les élever à bon marché sont impossibles, et ceci explique comment la France ne peut pas trouver sur son territoire les chevaux nécessaires à la remonte de sa cavalerie.

Les prairies artificielles dans de petits champs,

enclavées chez les voisins, sont exposées à être mangées par les moutons et les bestiaux de la vaine pâture ; il faut lutter sans cesse pour les défendre.

Un autre obstacle, c'est le défaut d'aisance du petit cultivateur. Lors même qu'il pourrait augmenter la quantité de ses fourrages, il aurait à pourvoir à une autre nécessité ; il devrait agrandir ses bâtiments, pour mettre à couvert ses fourrages plus abondants et ses animaux plus nombreux. Mais s'il n'a pas d'argent, comment construire ?

Il résulte de cet état de choses que, dans une multitude de villages, le nombre des bestiaux reste à peu près stationnaire et que les produits de toute espèce le sont également. Dans plus d'une localité, l'élève des moutons, si précieux pour les progrès de l'agriculture, devient même de plus en plus difficile, voilà pourquoi l'importation des laines va toujours en croissant. Le paysan français, stimulé par la passion de la propriété, se livre bien à un travail excessif, au-dessus de ses forces, mais souvent il s'agite dans son impuissance sans avancer, et les progrès de l'agriculture sont nuls ou très-lents. Le sol est l'instrument du travail de l'agriculteur ; par le morcellement, il est à moitié brisé dans ses mains.

§ 4. — DES PROJETS POUR RENDRE L'AGRICULTURE FRANÇAISE PLUS PROSPÈRE.

Cette infériorité de l'agriculture française commence à inquiéter la nation, le gouvernement s'en préoccupé, on soupçonne enfin que le bien-être des masses, la prospérité de l'industrie et du commerce, l'extension de la marine, la sécurité publique, la puissance et la grandeur de l'État pourraient bien dépendre d'une agriculture prospère ; on voudrait faire quelque chose, mais tous les efforts du gouvernement pour les progrès de l'agriculture sont inefficaces ou funestes.

Le gouvernement veut favoriser l'élève des chevaux par l'administration des haras, qui embrasse toute la France ; cette administration coûte aux contribuables plus de 2 millions et demi par an, et ne produit presque rien de bon ; les étalons sont souvent mal choisis, mal soignés ; on les envoie sans discernement dans des pays où ils ne conviennent pas ; ils détruisent les races indigènes et n'en créent pas d'autres.

Les vacheries-modèles, les bergeries-modèles, les fermes-écoles, les instituts agricoles fondés par l'État, dirigés par le gouvernement, enfants chétifs ou mort-nés de la centralisation, n'ont produit et ne produiront que des charges pour les contribuables et des places pour l'état-major des blessés ou des désœuvrés de l'agriculture.

Le paysan possède la majorité du sol cultivé en France ; il n'y aura donc aucun progrès considérable si lui-même n'entre pas dans la voie du progrès. Mais il est essentiellement défiant, et non sans raison ; il ne croit pas aux livres, aux discours ; il se moque des messieurs de la ville, qui prétendent lui enseigner son métier ; il n'a nulle confiance dans les belles récoltes que l'on peut obtenir dans les établissements

de l'État avec l'argent du public, et qu'il suppose
toujours devoir coûter plus qu'elles ne valent.

Il n'est qu'un seul moyen efficace pour propager
les méthodes nouvelles et faire progresser l'agriculture, c'est l'exemple. Il faut trois, quatre,
cinq années d'une expérience heureuse faite par
un particulier et à ses frais, pour que le paysan se
décide à tenter du nouveau ; il n'est convaincu
que par les faits. Et qu'on ne croie pas qu'une in-
novation heureuse adoptée dans un village se pro-
pagera rapidement dans un canton, dans un ar-
rondissement ; le paysan dira toujours : Cela réussit
bien ici, mais ne réussirait pas chez nous, la terre,
le climat ne sont pas les mêmes, et il faudra que
dans son village il ait sous ses yeux l'exemple du
succès répété plusieurs années de suite pour qu'il
se décide à imiter enfin.

Dans les localités où il n'y a point de propriétaires ou de fermiers assez intelligents et assez riches pour tenter des expériences et les faire réussir,
l'agriculture reste stationnaire ou ses progrès très-
lents ne sont dus qu'à un travail excessif.

Dans tous les cas, lors même que les paysans
cultivateurs seraient tous assez instruits pour comprendre et assez convaincus pour exécuter toutes
les améliorations agricoles, les progrès ne pourraient pas dépasser une certaine limite, le morcellement serait un obstacle invincible. Que peut un
habile ouvrier lorsqu'il n'a que de mauvais outils ?
Vous conseillez de bâtir une belle maison à un
homme qui a de la peine à acheter du pain, à un
paralytique de marcher et de courir !

La plaie est profonde, mais personne n'ose la sonder, on ne veut pas même la voir. On trouve que la division n'est pas assez grande, on veut encore mobiliser davantage le sol, on augmente sans cesse les charges du propriétaire et de l'agriculteur, et on ne s'aperçoit pas que l'on va ainsi tout droit à la misère générale; on gémit sur le paupérisme qui s'accroît; et on voudrait, de la meilleure foi du monde, prendre des mesures qui l'augmenteraient encore.

Je me trompe cependant; il est plus d'une personne, et des savants même et des correspondants de l'Institut, qui, frappés des inconvénients du morcellement et rêvant une égalité parfaite entre les hommes, veulent rendre l'État propriétaire de tout le sol français, le gouvernement le ferait cultiver scientifiquement, et donnerait à chacun sa part des produits.

Par ce beau système, l'émulation serait anéantie, le travail frappé au cœur; l'État seul propriétaire, ce serait l'esclavage! L'esclave travaillerait aussi peu que possible; les produits, bien loin d'augmenter, diminueraient; la misère, la famine établiraient bientôt sur tous leur inflexible niveau, et abrutiraient la population.

C'est le sentiment énergique de la propriété héréditaire et individuelle, c'est l'espérance de l'acquérir et de l'accroître, et la certitude de jouir et de faire jouir les siens du fruit de son travail, qui fertilisent la terre; le communisme la stériliserait; le remède serait pire que le mal, il tuerait le malade.

§ 5. — HYPOTHÈSE.

Si depuis trente-quatre années de paix le système qui de plus en plus absorbe dans l'État l'activité des individus et des localités avait fait place à un système contraire,

Si les grands et moyens propriétaires fonciers et la plupart des fonctionnaires au lieu de quitter leurs domaines et leurs pays étaient restés chez eux, consacrant leur activité et leur intelligence au soin de leurs champs et de leurs affaires et au développement du bien public dans leurs localités,

Si tant d'efforts et de capitaux perdus à créer des industries factices élevées en serre chaude, à l'aide de droits protecteurs et prohibitifs avaient été employés à la grande et féconde industrie du sol,

Si les 50 milliards au moins qui ont été dépensés depuis trente-quatre ans en acquisitions d'immeubles et en payements de droits de mutation avaient été consacrés à des travaux féconds sur la terre elle-même, à des améliorations sur toutes les parties du territoire,

La France n'aurait-elle pas 45 à 50 millions d'habitants, mieux nourris, plus robustes, plus moraux que les 35 millions et demi qu'elle possède aujourd'hui et dont la plupart végètent dans une agitation stérile, et notre pays ne serait-il pas le plus riche, le plus calme, le plus puissant de tous les États de l'Europe?

# CHAPITRE V.

## DES CAUSES DE L'AFFAIBLISSEMENT PHYSIQUE DE LA RACE FRANÇAISE.

Les grandes guerres de la révolution et de l'empire, qui de 1792 à 1815 avaient enlevé et presque anéanti l'élite de la jeunesse française, qui n'avaient laissé dans leurs foyers, pour perpétuer la population, que les hommes impropres au service par leur chétive constitution et leurs infirmités, ont eu pour résultat d'affaiblir, d'étioler la race française.

On pouvait espérer au moins que la paix et le bien-être qui l'accompagne amélioreraient ce triste état de choses, que la santé de la jeunesse deviendrait meilleure et sa force plus grande; c'est le contraire qui est arrivé, et le nombre des infirmes a augmenté.

Pour que les races deviennent plus grandes et plus robustes, il faut des mœurs pures, une nourriture abondante et saine, un travail qui fortifie les hommes, et qui ne les étiole pas.

L'élite de la jeunesse française envoyée chaque année dans les garnisons militaires y contracte souvent des maladies qui altèrent la vie dans sa source. D'un robuste campagnard aux mœurs pures, la garnison fait souvent un homme usé, qui, revenu dans ses foyers, se marie, et donne à ses enfants une santé chétive.

L'accroissement des grandes villes, et notamment de Paris, le développement immense du système industriel, l'agglomération des ouvriers dans les grands travaux publics, l'affaiblissement de la foi religieuse sont loin d'être favorables à la pureté des mœurs.

Dans les pays de fabriques et d'agglomération d'ouvriers, un travail sédentaire et abrutissant, la débauche précoce ont tellement dégradé les races que c'est à peine si chaque année on peut trouver le nombre d'hommes valides nécessaire au recrutement.

Les populations des campagnes sont plus robustes, mais elles ne s'améliorent pas. La passion du paysan français pour la terre a sans doute ses avantages, mais elle a aussi ses inconvénients. Pour trouver les moyens de payer le champ qu'il vient d'acquérir, d'en acheter un autre, sa grande, son unique ressource, c'est un travail excessif et une extrême économie. La plupart économisent sur tout, même sur leur nourriture ; combien récoltent du blé et ne mangent que du seigle et de l'orge ; combien se croiraient ruinés s'ils mangeaient une partie de la viande de leur veau, du bœuf qu'ils engraissent ! le paysan propriétaire vit souvent plus mal que le simple manœuvre. D'un autre côté, dans les campagnes où le sol est possédé entièrement par les paysans et où la religion n'exerce que peu ou point d'empire, il se forme une aristocratie des plus riches, dure, avare, et à côté d'elle une misère sans consolation et sans secours.

Enfin la grande masse du peuple français est mal nourrie d'aliments inférieurs, et sa sobriété, ainsi que nous l'avons démontré plus haut, est toujours voisine de la faim.

Dans les classes aisées ou riches une autre cause d'abâtardissement agit constamment. Avec un grand désir de paraître, avec les nécessités du luxe, les fortunes sont de plus en plus insuffisantes. Dans les mariages on ne cherche plus que l'argent; la sympathie, la passion n'y sont pour rien, on épouse la dot et non la personne. La jeune fille, boiteuse, chétive, poitrinaire, scrofuleuse, trouvera vingt prétendants si elle est riche.

Les jeunes gens de famille, qui vont dans les grandes villes suivre les écoles en sortant des colléges, s'occupent souvent de toute autre chose que de leurs études, et contractent comme les soldats en garnison des maladies qui altèrent la vie dans sa source.

Les races autrefois d'élite se perpétuent en s'étiolant.

Toutes ces causes réunies diminuent la beauté de la race française. Voilà pourquoi il faut prendre des soldats qui ont presque la taille de nains, et cela en pleine paix, après trente-quatre ans de paix; voilà pourquoi sur cent jeunes gens de vingt ans, cinquante sont impropres au service pour défaut de taille ou infirmités.

# CHAPITRE VI.

## § 1.

L'état de la France, son avenir, sont partout le sujet de conversations et d'appréciations diverses; les uns espèrent un ciel serein après la tempête, les autres désespèrent de la France; le plus grand nombre doute et flotte entre l'espérance et le découragement.

Un homme d'esprit, un penseur, mais toujours disposé à voir les choses du côté le plus triste, et qui trouve une certaine jouissance à expliquer les causes qui lui font désespérer de l'avenir de la France, me disait un jour :

« Il s'est passé, depuis soixante ans, et surtout depuis trente ans, un grand changement dans l'état de la propriété en France, et ce changement doit. en amener d'autres très-profonds dans les lois et dans la marche de la société elle-même.

« Vous constatez par des documents authentiques que la classe qui vivait du revenu de ses immeubles en a vendu successivement une portion considérable en détail; cette classe qui se ruine en définitive, puisqu'elle vend ses domaines pour payer ses dettes ou pour avoir un revenu plus fort, qui disparaît souvent avec le capital, est obligée de mendier des places, de chercher à vivre aux frais du public, double cause d'avilissement des caractères, de ruine pour la fortune publique et de révolutions nouvelles.

« Le paysan (et ici l'on ne doit pas croire que je prenne dans un mauvais sens ce mot qui désigne la classe la plus utile, puisqu'elle nous fait tous vivre, et celle qui, à tout prendre, est peut-être la meilleure de la société française), le paysan est devenu dans une foule de localités propriétaire exclusif du sol, au moins des terrains cultivés, et, si l'impulsion donnée continue, il finira par être propriétaire de tout le sol de la France. Une remarque qu'on a toujours faite, c'est que les propriétaires du sol ont nécessairement une immense influence sur la société, et comme les paysans auront le double avantage de la propriété et du nombre, ils feront sentir leur prépondérance, c'est infaillible. Cette classe ne sera-t-elle pas bientôt en hostilité avec ces fonctionnaires si nombreux et ces rentiers de l'État, qui absorbent le produit de tant d'impôts accablants, dont elle paye une si large part, avec les prêteurs d'argent et les vendeurs d'immeubles, à qui elle doit desservir des intérêts pour tant de centaines de millions? Une partie considérable de cette classe si nombreuse est-elle assez morale, assez religieuse, assez éclairée sur ses véritables intérêts et sur ceux de la société entière, pour voir avec indignation le retour des assignats qui la débarrasseraient ainsi d'un seul coup de ses dettes?

« Allons même plus loin, le grand propriétaire foncier, isolé au milieu d'une foule de petits pro-

priétaires cultivateurs, ne leur paraîtra-t-il pas
bientôt un privilégié insultant à leur médiocrité,
faisant obstacle à leur prospérité, et ne voudront-
ils pas partager ce gros domaine qui excite leur
envie et leur convoitise? Les idées communistes,
contre les prévisions générales, n'ont-elles pas fait
au moins autant de progrès dans les pays où le sol
est très-divisé que dans les pays où il l'est peu?

« Autre considération : le luxe depuis longtemps
allait sans cesse en croissant au moment où les fortunes
des classes riches ou aisées diminuaient; évidemment
la plupart des familles se ruinaient. Ce luxe pourra-
t-il se soutenir? non sans doute. D'ailleurs le régime
républicain démocratique est peu favorable au développement du luxe, et toutes les lois, même sans
le vouloir, toutes les idées dominantes, toutes les
craintes, toutes les jalousies tendront à le diminuer.
Que deviendra alors cette masse d'ouvriers des
villes qui ne vivent que de luxe, qui ne font que
des ouvrages de luxe? que deviendront les artistes?

« Le paysan a-t-il besoin d'ouvrages de luxe,
de meubles de luxe? a-t-il besoin d'employer l'ouvrier des villes? pas le moins du monde; il peut
trouver presque tout ce qu'il lui faut dans son village.

« La tendance irrésistible des idées et la puissance du nombre ne consacrent-elles pas la ruine
de ces villes alimentées aujourd'hui par des fermages
ou des intérêts payés par les campagnes, aux propriétaires riches, aux capitalistes ou rentiers qui
habitent ces villes?

« L'État se chargera-t-il d'empêcher leur décadence et leur misère? Mais avec l'influence prépondérante du peuple des campagnes, imagine-t-on qu'il sera facile de prélever par l'impôt sur leurs revenus des sommes énormes pour faire ce que font actuellement les gens riches, pour entretenir des artistes, pour acheter au compte de l'État des objets, des meubles de luxe, pour construire des monuments nationaux inutiles, et donner au peuple des grandes villes du pain et des cirques comme à la plèbe romaine?

« Cet antagonisme des différentes classes de la société sera augmenté par la misère.

« Une partie de la population française étouffe. Les désirs et les besoins ont augmenté plus rapidement que les moyens de les satisfaire.

« A l'exception de l'agriculture, cette mère nourricière qu'on a trop souvent méconnue et abandonnée, toutes les carrières sont encombrées. Il y a pour ainsi dire plus de médecins que de malades, plus d'avocats que de clients, plus d'architectes que de maisons à construire, plus de marchands que d'acheteurs; vingt mille personnes demandent des places pour un seul chemin de fer; une foule d'ouvriers manquent d'ouvrage. A cette société, qui ne rêve que le bien-être, à qui on l'a promis, on a donné le suffrage universel; les masses, maîtresses du pouvoir, s'imaginent qu'elles pourront améliorer leur sort par la loi, par la force, mais les lois sont impuissantes à créer la richesse, et l'accroissement de la richesse peut seul cependant accroître le bien-être et diminuer la misère.

« Avec les idées qui dominent aujourd'hui la

société française, toutes les lois faites dans l'intérêt prétendu des classes pauvres ont pour effet
d'augmenter les impôts, et par suite la misère,
de substituer plus ou moins la prévoyance de l'État
à celle des individus et des familles, de diminuer
par conséquent le travail et les produits en dimi-
nuant la crainte de tomber dans la détresse par sa
paresse et son inconduite.

« Avec un travail moins grand et des produits
moins considérables, la misère ne fera qu'augmenter[1]. D'un autre côté, la confiance dans la stabilité inviolable de la propriété particulière a été
profondément ébranlée; et cependant c'est cette
confiance seule qui produit les grands et admirables
travaux des peuples civilisés et accroît par conséquent
leurs richesses. Aujourd'hui on ne fait que les travaux urgents et indispensables, mais tous ceux qui,
pour trouver leur rémunération, exigent un temps
un peu considérable, restent suspendus. Comment
l'armateur enverrait-il des vaisseaux dans des mers
lointaines lorsqu'il peut craindre demain la spolia-
tion? Comment l'agriculteur entreprendrait-il une
longue amélioration agricole dont le bénéfice est
éloigné, lorsqu'il craint que son champ ne soit enlevé à lui ou à ses enfants? Pourquoi travailler à
s'enrichir si la richesse peut être un titre de pro-
scription? Alors la vie d'un grand peuple s'arrête, la
misère grandit et on arrivera par le désespoir au
pillage, au massacre. La société n'est-elle pas me-
nacée de luttes continuelles et sanglantes, d'une misère croissante, et enfin d'une barbarie complète.

[1] Je lis dans une petite brochure intitulée *la Politique du pot*

« Ces craintes sont exagérées, me dites-vous ;
admettons-le un moment, mais au moins vous ne
pouvez méconnaître que la France marche évidemment à un état de choses où il n'y aura plus
d'existences indépendantes, où chaque particulier
sans fortune ou avec une fortune très-médiocre,
peu capable de comprendre et de pratiquer des
vertus publiques, dominé souvent par des idées

*au feu* et qui.était destinée à mes voisins campagnards : Un
grand homme, quoiqu'il fût roi, disait un jour : *Celui qui
ferait pousser deux épis de blé au lieu d'un, rendrait plus de
service à l'État que tous les philosophes et les bavards de mon
royaume.*

Dans ce moment on promet à tous les ouvriers monts et
merveilles ; chacun aura

> Tout ce qu'il veut,
> Bon souper, bon gîte et le reste.

Comment réaliser ce beau rêve tant qu'on n'aura pas augmenté considérablement la quantité des choses nécessaires aux
bons soupers et aux bons gîtes? tant qu'on ne fera que remplir
les oreilles et vider les poches des contribuables?

Il y en a qui disent : Prenez aux riches et on aura toutes
choses à gogo.

Pour vingt-quatre heures et pour quelques-uns, je le conçois,
mais pour une semaine et pour tous, c'est autre chose.

Et d'abord qu'est-ce qu'un riche? Souvent un homme ruiné
ou qui se ruine au profit des travailleurs; tout ce qui reluit
n'est pas or.

Dans tous les cas est-ce que les riches déjeunent trois fois et
dînent quatre fois par jour? Est-ce que comme le paillasse de la
foire ils se mettent sur le corps quatre habits et dix gilets? Eh !
mon Dieu! ils ne mangent pas plus que leurs ouvriers; j'en
connais même qui ont des estomacs bien chétifs en comparaison
de ceux de robustes travailleurs.

D'un autre côté, est-ce que les riches s'amusent à jeter leurs étroites et envieuses, concentrant ses facultés dans l'accroissement de sa petite fortune et de son petit commerce, sera isolé et tremblant en présence d'un gouvernement central seul riche, seul puissant, maître d'une nation de fonctionnaires, d'affamés et de valets déguisés en citoyens. Ce gouvernement sera-t-il monarchique ou républi-

blés à la rivière, à enterrer leurs bestiaux tout vifs, à gâter ou à brûler les étoffes qu'ils font fabriquer ou qu'ils achètent? ils ne sont pas si sots : tout ce qui est bon à manger se mange parfaitement, tout ce qui est utile à l'homme est utilisé. S'il en est ainsi, tant qu'on n'aura pas augmenté la quantité de ces bonnes choses on n'aura rien fait ou à peu près.

Qu'on mette un bourgeois au pain et à l'eau, qu'on lui prenne ses habits, croit-on que les centaines de personnes, ses voisins, qui ne sont pas riches, et qui se partageraient son dîner et ses habits, en seraient bien mieux nourries et bien mieux vêtues? Chacun n'aurait pas seulement une demi-bouchée par semaine du poulet de son dîner et un morceau large comme la main de la basque de son habit. On aurait fait d'un riche un pauvre, mais on n'aurait enrichi personne; bien au contraire, car s'il n'y a plus de riches, que deviendront les ouvriers occupés actuellement à faire des objets qui ne conviennent qu'aux riches?

La production plus abondante des choses nécessaires et utiles est indispensable pour diminuer la misère, et ce n'est pas en bayant aux corneilles qu'on augmentera cette production.

On semble dire aux travailleurs : *Vous aurez tous des poulardes rôties à votre dîner.* Ce serait très-bien, mais comme toutes les poulardes qu'on engraisse aujourd'hui en France sont très-exactement mangées, tant qu'on n'en augmentera pas le nombre il sera bien impossible que tout le monde en mange. Je dirais à plus d'une personne : *Faites donc des poulardes, si vous pouvez, au lieu de discours, il y aura pour le peuple double profit,* mais pour faire des poulardes ne tuez pas les poules aux œufs d'or : *la propriété et le travail.*

cain ? peu importe, il sera à coup sûr despotique, et despotique sans grandeur et sans stabilité.

« Où trouverait-il des éléments de stabilité ? les fondations de l'édifice seront placées sur un sable mouvant que les ouragans populaires pourront soulever et disperser à chaque instant.

« Vous me dites qu'il trouvera son point d'appui dans l'armée. Une armée ne pouvant exister sans hiérarchie, sans discipline et sans obéissance, présentera sans doute un point d'appui obligé, une force d'autant plus grande que toutes les autres auront disparu.

« D'ailleurs la France sera longtemps encore une nation guerrière ; elle est accoutumée à une armée nombreuse, et quoique l'exemple du passé ne doive pas inspirer grande confiance dans la durée des institutions que l'on proclame éternelles à chaque révolution, le gouvernement quel qu'il soit voudra toujours avoir sous sa main une puissante armée pour se maintenir ; il croira ainsi se donner une stabilité que l'armée cependant ébranle par les charges qu'elle impose au peuple.

« Mais dans une société de plus en plus matérialiste, où les orages de la démocratie et les saturnales de la démagogie affaiblissent le sentiment, la passion de la liberté, l'armée sentira qu'elle peut disposer à son gré de la France et elle en disposera. De nouvelles légions romaines, de nouvelles cohortes prétoriennes donneront et arracheront l'empire et on passera alternativement de l'anarchie au despotisme, et du despotisme à l'anarchie, jusqu'à ce que la France se perde dans la conquête.

« Vous me dites que la France est arrivée à un trop haut degré de civilisation pour tomber dans cette décadence.

« Mais combien de nations ont péri après avoir eu leur période éclatante de haute civilisation!

« N'admirons-nous pas encore les débris des monuments gigantesques et des arts admirables de ces nations éteintes qui avaient jeté un si grand éclat en Égypte, en Asie et en Europe?

« Les nations sont vigoureuses par le cœur et non par l'esprit, par les croyances et non par les lumières; la civilisation peut s'allier avec la pourriture. Lorsque dans une nation le grand nombre croit que c'est duperie de ne pas jouir de la vie et qu'après la mort il n'y a plus rien, la grandeur et la décadence peuvent se toucher.

« Je crois, dit Montesquieu, que la secte d'Épi-
« cure qui s'introduisit à Rome sur la fin de la
« République contribua beaucoup à gâter le cœur
« et l'esprit des Romains. Les Grecs en avaient été
« infatués avant eux, aussi avaient-ils été plus tôt
« corrompus. Cynéas en ayant discouru à la table
« de Pyrrhus, Fabricius souhaita que les ennemis
« de Rome pussent tous prendre les principes d'une
« pareille secte. »

« La France n'est-elle pas corrompue comme la Grèce des sophistes et la Rome des empereurs?

« La littérature est l'expression de la société. La littérature devient métier et marchandise. Nos théâtres sont souvent une école publique de mauvaises mœurs, et un outrage public à la dé-cence? Que lit-on en France? des feuilletons, des romans qui tournent en ridicule ou vouent à la haine toutes les institutions anciennes, les croyances les plus sacrées, qui peignent le vice comme une nécessité de notre nature et la vertu comme une niaiserie. La plupart de ces ouvrages se plaisent à décrire les mœurs les plus abjectes, la hideuse démoralisation des repris de justice et des prostituées : c'est une littérature des bagnes. Les ouvrages qui ont la prétention d'être sérieux sont presque tous une critique amère, frénétique de la société, et les systèmes qui voudraient la détruire complétement et la transformer, se produisent à l'infini et jettent partout le doute, le découragement ou les espérances les plus extravagantes.

« Tous ces systèmes n'ont qu'un but; le bien-être matériel, les jouissances matérielles; leurs auteurs ne s'adressent pas aux côtés grands, généreux du cœur humain, mais aux passions d'envie et de haine et aux appétits grossiers. On n'élève pas l'homme au-dessus de lui-même, on le ravale au niveau des brutes. L'égoïsme et la bassesse s'étendent comme une lèpre hideuse qui ronge le corps social; partout abaissement des caractères et défaillance des âmes. La France n'est-elle pas dans la position où étaient les nations qui devaient bientôt se perdre dans la conquête ?

« La France ressemble à la République d'Athènes après le siècle de Périclès. Athènes avait eu la gloire de résister à presque toute la Grèce; elle venait de s'illustrer par ses plus beaux monuments, d'applaudir à ses plus beaux génies; jamais elle n'avait eu plus de philosophes, plus de rhéteurs, plus de

savants, plus de grands artistes; elle en fournissait
à toute l'Italie, à tous les peuples. Elle passait pour
la nation la plus brave, la plus polie, la plus spiri-
tuelle du monde; sa durée semblait aussi immor-
telle que sa gloire; mais les mœurs s'étaient cor-
rompues, l'avidité chez les citoyens avait remplacé
le dévouement, la démocratie se livrait à ses caprices, à ses jalousies, à son égoïsme, on voulait
jouir; cette société était pourrie, la mort devait
bientôt venir.

« Se rassurerait-on pour la France, en disant
qu'il n'existe point de peuple en Europe capable
de la conquérir et de l'effacer de la liste des nations?
Mais si la puissance de la France s'accroît si lentement, tandis que celle de ses rivaux s'accroît si
rapidement, si l'équilibre des forces continue à se
déplacer au préjudice de la France, et au bénéfice
de ses rivaux, pourra-t-on soutenir que la conquête
à un jour fatal n'est pas possible?

« Ne pourrions-nous pas d'ailleurs rappeler ces
mots prophétiques du livre si remarquable du dernier ministre des affaires étrangères? (M. de Tocqueville.)

« Il y a aujourd'hui sur la terre deux grands
« peuples qui, partis de points différents, semblent
« s'avancer vers le même but, ce sont les Russes
« et les Anglo-Américains.

« Tous les autres peuples paraissent avoir atteint
« à peu près les limites qu'a tracées la nature et
« n'avoir plus qu'à conserver; mais eux sont en
« croissance; tous les autres sont arrêtés ou n'a-
« vancent qu'avec mille efforts; eux seuls marchent

« d'un pas aisé et rapide dans une carrière dont
« l'œil ne saurait apercevoir encore la borne.

« Leur point de départ est différent, leurs voies
« sont diverses, néanmoins chacun d'eux semble
« appelé par un dessein secret de la Providence à
« tenir un jour dans ses mains les destinées de la
« moitié du monde. »

« M. de Tocqueville aurait pu ajouter qu'il est
aussi à l'autre bout de l'Europe un peuple qui se
développe avec une vigueur extraordinaire, qui
trouve dans la force de ses institutions et l'é-
nergie de sa race des moyens puissants pour do-
miner une grande partie du monde, et qui semble
réunir en lui les causes de la grandeur de Rome
et de Carthage.

« Au siècle d'Auguste, et sous ses premiers suc-
cesseurs, le Romain qui aurait annoncé l'invasion
des Barbares et la chute de l'empire aurait passé
pour un esprit malade, et cependant il n'aurait pas
été un prophète menteur.

« Rome n'avait jamais vu de plus grands capi-
taines, de plus grands poëtes, de plus grands his-
toriens, de plus beaux génies ; Rome couvrait
l'Italie et le monde de ses monuments qui devaient
attester à jamais sa puissance et sa gloire ; Rome
avait conquis l'univers connu, elle ne voyait plus
que dans le lointain, dans les déserts, quelques
hordes de Barbares qu'elle laissait végéter au delà
de ses grands fleuves ; Rome semblait éternelle, et
cependant la mort était déjà dans son sein.

Les Barbares d'Attila, de Clovis, de Gensérie
n'étaient pas plus braves cependant, n'étaient pas

plus puissants que les Cimbres, les Teutons, les Germains vaincus par Marius ou par César, mais l'empire romain, malgré ses lumières, ses lois admirables, son organisation militaire si forte et si savante, sa puissante centralisation s'était affaissé sous ses vices, et les Barbares vinrent se ruer sur son cadavre.

« A la fin du siècle dernier, n'avons-nous pas vu une grande nation, la Pologne au courage chevaleresque, qui dans les siècles précédents avait jeté un si grand éclat, ne l'avons-nous pas vue succomber sous ses vices, ses haines intestines, ses partis stupides, la mobilité impuissante de son gouvernement, et malgré son courage resté aussi grand que du temps des Jagellons et des Sobieski, partagée toute vivante par le Russe, vaincu autrefois par elle dans sa capitale, par le Prussien son ancien sujet, par l'Autrichien qu'elle avait sauvé du joug des musulmans et de la barbarie?

« La France suit la même marche que la Pologne : qu'elle tremble qu'un héros français ne dise aussi, comme le héros polonais, après de glorieux mais impuissants efforts : *Finis Franciæ.* »

## § 2.

En écoutant ces paroles sinistres, j'avais dans l'âme une tristesse profonde ; mais je n'ai pas long-temps cédé à la faiblesse du découragement. Non, me suis-je dit, la France ne périra pas.

Il y a encore de si nobles qualités dans cette nation aux grands souvenirs ! tant de bienveillance,

de charité, d'entraînement généreux, de courage
guerrier, de bon sens, lorsqu'elle n'est pas aveu-
glée par les passions! Elle possède encore tant de
vertus! Les villes maudites furent livrées à la destruction parce qu'il n'y avait pas un juste pour les
sauver; mais que de justes encore en France pour
désarmer la colère céleste et conjurer la ruine!

Sans doute, si l'on continue à marcher dans les
voies funestes qui ont conduit la patrie sur le bord
de l'abîme, la France y périra : mais une lueur si-
nistre a éclairé la profondeur du gouffre, et on aura
la sagesse et le courage de reculer. La France ne
voudra pas se suicider.

Après tant de siècles de fortunes diverses, mais
toujours glorieuses, cette nation fera, pour échapper à la décadence et à la ruine, un grand effort
sur elle-même.

Elle reniera ces doctrines d'égoïsme et de mort,
ces institutions de monopole, de dilapidations et
d'abrutissement qui l'énervent, la ruinent et la
tuent.

Et nous, que cette France a chargés de la repré-
senter; nous tous qui avons au cœur l'amour vrai
de la patrie, sa grandeur et sa gloire, l'amour vrai
de l'humanité, nous ne nous bornerons pas à pousser des gémissements inutiles, à faire des vœux, des
phrases, de la stratégie parlementaire; nous ne
commettrons pas le crime de la faiblesse et de
l'inertie.

Pour moi, soldat obscur mais dévoué dans
cette armée, peut-être la dernière, de l'ordre
et du progrès véritable, je ne me bornerai pas,

si ma voix est quelque peu écoutée, à signaler le mal ; mais j'indiquerai le remède.

J'ai déjà présenté à l'Assemblée nationale un projet sur l'organisation communale et départementale ; et je continuerai, autant que mes forces me le permettront, à suivre cette voie. Que tous les hommes de sens et de cœur cherchent, et ils trouveront. Qu'ils ne s'imaginent pas que le salut leur viendra d'un pouvoir supérieur et mystérieux sans qu'ils aient la peine de s'en occuper : leur salut, le salut de la France est en eux-mêmes :

AIDE-TOI , LE CIEL T'AIDERA.

FIN.

# NOTES.

A , page .5.

## SUR LA POPULATION.

### PRUSSE.

Les recensements de 1816 portent la population à 10 169 899 h.
<br>    de 1840               à 14 928 501
<br>    de 1843               à 15 471 765
<br>    de 1846               à 16 112 938

L'accroissement moyen de la population étant de 187 000 au moins par an, la Prusse devait avoir, au 1er janvier 1849, plus de 16 millions et demi d'habitants.

### AUTRICHE.

La population de l'empire d'Autriche s'élevait en 1840, d'après un recensement officiel, à 36 950 401 individus, dont 18 202 631 hommes et 18 747 770 femmes. L'accroissement dans la période 1834-1840, tel qu'il a été constaté par les dénombrements de 1834, 1837 et 1840, a été de 902 660, soit 317 111 par an ou 0,85 par an. Il est de 0,90 par an, d'après l'excédant des naissances sur les décès qui s'élève à 332 000 en moyenne. (Extrait de l'ouvrage de Legoyt sur le mouvement de la population en Europe. *Journal des Économistes*, 1847, p. 172.)

L'accroissement de la population de 1840 à 1849 a dû continuer à peu près dans la même proportion, et, au 1er janvier dernier, la population de l'empire d'Autriche devait être de 39 millions au moins.

### ANGLETERRE.

Recensements officiels du Royaume-Uni : 1801, 16 338 102 h.
<br>    —       —      1811, 18 547 720
<br>    —       —      1821, 21 193 458
<br>    —       —      1831, 24 271 763
<br>    —       —      1844, 27 019 558

Sur ce chiffre total, l'Irlande avait :

En 1801, — 5 395 456 habitants.
En 1811, — 5 937 859
En 1821, — 6 801 827
En 1831, — 7 734 365
En 1841, — 8 175 124

D'après Mac Culloch, dans les dix années qui ont précédé le dernier recensement, qui est du 6 juin 1841, l'accroissement annuel était de 248 000 pour la Grande-Bretagne et de 42 500 pour l'Irlande. Il estime que cet accroissement a dû continuer au moins dans la même proportion, et qu'au 6 juin 1846 la population totale devait être de 28 470 558 ; en y ajoutant encore l'accroissement pendant deux ans et demi, la population de l'empire britannique devait être, au 1er janvier 1849, de 29 169 808 habitants. Ce qui confirme cette appréciation, c'est que l'excédant des naissances sur les décès a été dans l'Angleterre et le pays de Galles, seuls, d'après les registres officiels, de 921 240 dans les cinq années de 1842 à 1846, et il est même probable que le chiffre de la population au 1er janvier 1849 approchait plus de 30 que de 29 millions pour le Royaume-Uni.

## RUSSIE.

D'après les rapports officiels et M. de Kœppen, de l'Académie impériale des sciences de Saint-Pétersbourg, en 1838, la population de la Russie proprement dite d'Europe et d'Asie, y compris les colonies militaires, s'élevait à 53 250 000 hab.

| | |
|---|---:|
| Celle du grand-duché de Finlande à.... | 1 390 000 |
| Des montagnards soumis et insoumis du Caucase compris dans les limites de l'empire, à | 1 500 000 |
| De la Transcaucasie................. | 2 000 000 |
| Des possessions d'Amérique du Nord..... | 61 000 |
| Total........ | 58 201 000 |
| Royaume de Pologne................ | 4 299 000 |
| Total........ | 62 500 000 |

Sur ces 62 500 000 habitants, 46 000 000 appartenaient à

la religion grecque orthodoxe. D'après les actes de naissance et de décès du saint-synode, dans les années 1835, 1836, 1837, 1838 et 1839, l'accroissement de la population par l'excédant des naissances sur les décès a été en moyenne de 620 000 par an.

Dans les années 1823, 1824, 1825, 1826, 1827 et 1830 l'excédant des naissances sur les décès a été en moyenne de 565 902 par an d'après les mêmes tables.

Il est plus que probable que nous sommes au-dessous de la vérité en n'estimant l'excédant des naissances sur les décès qu'à 600 000 par an, soit 6 000 000 en dix ans. Il y aurait donc aujourd'hui 52 millions de Russes professant la religion grecque.

Si les 16 millions et demi d'habitants professant d'autres religions avaient, depuis 1838, augmenté dans la même proportion que les Russes orthodoxes, il faudrait ajouter plus de 2 millions d'habitants ; mais supposons qu'ils n'aient augmenté leur population que moitié moins, soit 100 000 par an, au 1er janvier 1849, il devait y avoir dans l'empire russe 69 millions et demi d'habitants, et, en écartant les provinces du Caucase et au delà du Caucase, ainsi que les possessions d'Amérique, 65 à 66 millions d'habitants.

Une remarque doit être faite sur la mortalité des enfants en Russie. D'après les recherches de M. le docteur Lichtenstedt sur les tables du saint-synode, le nombre des naissances des enfants mâles a été dans les huit années de 1831 à 1838 inclusivement de............................. 7 997 429

Les décès des personnes du sexe masculin..... 5 728 848

Et, sur ce chiffre, le nombre des décès des enfants avant l'âge de cinq ans révolus a été de.... 2 995 462

Ainsi, en Russie, sur 100 enfants nouveau-nés plus de 50 meurent avant l'âge de cinq ans. Il est évident que tous les enfants d'une constitution faible doivent mourir, et qu'en considérant la généralité de la population, le nombre des hommes valides et dans la force de l'âge doit être beaucoup plus considérable en Russie que dans d'autres pays et notamment en France, où sur 100 décès à peine s'il y a 30 enfants d'un à cinq ans.

Nous ferons encore une seconde observation : les recensements en Russie n'ont pas seulement pour but de connaître la population dans un intérêt scientifique, mais ils sont faits pour asseoir des impôts , et notamment l'impôt du recrutement ; les propriétaires sont donc intéressés à dissimuler plutôt qu'à exagérer le chiffre de la population ; d'ailleurs , dans un empire aussi vaste et dans certaines provinces si peu peuplées , les moyens d'investigations et de contrôle sont difficiles. La population totale de la Russie doit donc être probablement plus élevée que ne le disent les statistiques; et ce qui tiendrait à confirmer cette idée , c'est le nombre très-certain et si considérable des naissances d'après les tables du saint-synode.

## CONFÉDÉRATION GERMANIQUE.

Lors de l'établissement de la Confédération germanique , on avait établi que chaque État devrait donner un contingent de troupes égal au centième de la population ; la population totale était estimée à la fin de 1817 à 30 624 392 habitants. D'après un tableau fait en 1848 afin de fixer de nouveaux contingents , la population estimée d'après les derniers recensements qui, pour la plupart des États, étaient de 1846 et pour quelques-uns d'années antérieures, le total de la population de la Confédération germanique s'élevait à 41 196 509. Ainsi, la population de la France au 1er janvier 1818 était au moins égale à celle de la Confédération germanique, et, 29 ans après, en 1846, la France au lieu d'avoir 41 millions d'habitants comme l'Allemagne, n'en a que 35 millions 400 mille.

L'accroissement de la France n'aura été que la moitié de celui de l'Allemagne et même un peu moins.

---

## B , pages 18, 52 et 91.

### REVENUS EN ANGLETERRE.

La *Revue des Deux-Mondes,* dans un article du 1er janvier 1849, de M. Cochet, sur l'impôt du revenu, s'exprime ainsi :

« La taxe (l'*income-tax*) n'atteint que les revenus supérieurs à 150 livres sterling, soit 3 750 fr. Elle est fixée au maximum à 7 pence par livre de revenu net annuel, soit 2 fr. 92 c. pour 100 fr. ; un dégrèvement est admis en faveur de l'industrie rurale.

RÉPARTITION ET PRODUIT DE L'IMPOT SUR LE REVENU EN ANGLETERRE (*exercice* 1847).

| | PROPORTION de la taxe. | ÉVALUATION des revenus imposés. | PRODUIT de la taxe. |
|---|---|---|---|
| **Iʳᵉ CLASSE.** *Revenu du proprié-taire foncier.* | f. c. | | |
| Angleterre....... | 2 92 pʳ cent. | 2 586 000 000 | 58 417 150 |
| Écosse. ......... | id. | 229 450 000 | 6 700 150 |
| — | | 2 815 450 000 | 65 117 300 |
| **IIᵉ CLASSE.** *Bénéfice de l'exploi-tant, propriétaire ou fermier.* | | | |
| Angleterre....... | 1 46 pʳ cent. | 515 800 000 | 7 530 725 |
| Écosse.......... | 1 04 pʳ cent. | 56 000 000 | 582 700 |
| — | | 571 800 000 | 8 113 425 |
| **IIIᵉ CLASSE.** Rentes sur l'État... | 2 92 pʳ cent. | 632 650 000 | 18 473 750 |
| — | | | |
| **IVᵉ CLASSE.** *Revenus industriels et profits divers.* | | | |
| Angleterre....... | 2 92 pʳ cent. | 1 363 363 000 | 39 810 525 |
| Écosse.......... | id. | 142 750 000 | 4 168 100 |
| — | | 1 506 113 000 | 43 978 625 |
| **Vᵉ CLASSE.** *Revenus sur les fonc-tionnaires.* | | | |
| Angleterre....... | 2 92 pʳ cent. | 276 210 000 | 8 065 350 |
| Écosse.......... | id. | 10 749 000 | 311 775 |
| — | | 286 959 000 | 8 377 125 |

## RÉCAPITULATION GÉNÉRALE.

| CLASSES. | REVENUS imposables. | PRODUITS de la taxe. |
|---|---|---|
| 1re...................... | 2 815 450 000 | 65 117 300 |
| 2e........................ | 571 800 000 | 8 113 425 |
| 3e........................ | 632 650 000 | 18 473 750 |
| 4e........................ | 1 506 113 000 | 43 978 625 |
| 5e........................ | 286 959 000 | 8 377 125 |
| Totaux....... | 5 812 972 000 | 144 060 225 |

« Il ressort de ce tableau qu'en Angleterre et en Écosse seulement les revenus au-dessus de 3 750 fr. composent un total de 5 milliards 813 millions. Or, si les renseignements que nous prenons dans les statistiques anglaises sont exacts, le partage aurait lieu entre 500 mille parties prenantes au plus.

« La moyenne du revenu imposable serait donc de 12 000 fr.

« Prélevez sur cette somme environ 350 fr., ce n'est pas tarir la source du bien-être. »

Mais il y a une erreur considérable dans le premier article de ce tableau. Le produit de la taxe sur le revenu du propriétaire foncier en Angleterre est bien de 2 336 686 livres sterling, soit 58 417 150 fr.; mais le revenu n'est pas de 2 586 000 000 fr., il est seulement de 2 000 587 328 fr. L'erreur principale provient sans doute de ce qu'on a transporté à la colonne des millions des chiffres qui auraient dû être mis à celle des mille.

Quoi qu'il en soit, le revenu de la première classe est en totalité de 2 230 037 328 fr., et le revenu des cinq classes de 5 227 559 328 fr.

Ces revenus énormes de l'agriculture anglaise paraîtront à bien des personnes fort extraordinaires et à peine croyables.

Quelques explications les feront comprendre et lèveront tous les doutes.

D'après la statistique officielle, la France avait en 1839

9 936 538 têtes de la race bovine,

32 151 430 têtes de la race ovine,

4 910 721 porcs.

Or, d'après la statistique de l'Angleterre de M. Moreau de Jonnès, en 1831, huit ans auparavant, le Royaume-Uni avait

16 821 000 bêtes bovines,
57 050 000 bêtes ovines,
7 100 000 porcs.

Mais cette énorme différence dans le nombre ne suffit pas pour connaître la différence dans la valeur. Les animaux en Angleterre sont bien plus forts qu'en France et produisent plus de viande et plus de laine.

D'après la statistique officielle la valeur des bêtes bovines, bêtes ovines et porcs s'élevait en France à. .   1 372 236 469ᶠ

D'après la statistique de M. Moreau de Jonnès, la valeur des mêmes animaux en Angleterre était en 1831 de...............   5 601 500 000

Différence.....   4 229 263 531ᶠ

Dans le Royaume-Uni, ces animaux dont 27 437 000 étaient abattus annuellement donnaient , viande de boucherie , 3 596 000 livres, valant en argent........   1 468 542 000ᶠ

Peaux et cuirs (25 887 000)..............   117 131 000

Graisse et suifs.....................   116 968 000

Laines (46 000 000 toisons)..............   166 250 000

Beurre, 304 000 000 livres à 1 fr. 25 c.....   380 000 000

Fromage, 220 500 000 livres à 75 c........   165 375 000

Lait en nature, 20 900 000 hectol. à 27 fr. 50 c.   575 000 000

Total du revenu annuel et brut de ces animaux   3 046 866 000ᶠ

Les animaux de même espèce en France produisent beaucoup moins ; ainsi la statistique officielle compte 13 648 727 animaux abattus, estime toute la viande consommée à 673 389 781 kilogrammes seulement, et sa valeur à 543 180 518ᶠ, c'est un peu plus du tiers de la consommation anglaise.

Mais cette statistique de 1831 ne donne pas une idée exacte des animaux de rente actuellement existants en Angleterre, leur nombre , leur poids a encore augmenté considérablement.

Avec une aussi grande quantité d'animaux, la masse des engrais est énorme, et par conséquent la culture des céréales doit être très-avancée et le rendement très-considérable.

M. Moreau de Jonnès estimait, de 1832 à 1834, la production annuelle en céréales pour le Royaume-Uni à

| | | |
|---|---|---|
| 39 140 000 | hectolitres de froment, | |
| 3 806 300 | » | de seigle, |
| 38 500 000 | » | d'orge, |
| 74 850 000 | » | d'avoine et fèves. |

Total...   156 296 300

Tandis que la statistique de la France porte la production
totale des céréales à 182 516 848 hectolitres pour une étendue
en culture bien plus considérable.

Mais cette estimation de M. Moreau de Jonnès, qui était déjà
trop faible pour 1833 a été bien dépassée depuis.

M. Schnitzler, dans la statistique de la France, estime la récolte totale du Royaume-Uni, en froment ou méteil, à 60 millions d'hectolitres, tandis que dans le tableau de M. Moreau de
Jonnès on n'en porte le nombre qu'à 39 140 000.

Lorsque l'on considère que la quantité distraite pour les semences en Angleterre est beaucoup moins considérable, puisque les champs en culture sont beaucoup moins étendus, on
reconnaît que la production du froment est presque aussi forte
dans le Royaume-Uni que dans la France.

Au reste, voici une preuve que les progrès de la richesse
foncière en Angleterre sont immenses et que les estimations de
M. Moreau de Jonnès sont loin d'être exagérées.

Il estimait le revenu net, en 1836, du sol, des maisons et des mines, c'est-à-dire de la propriété foncière
en Angleterre à................... 1 482 921 650ᶠ
en Écosse à......................... 211 930 000

Total...   1 694 851 650ᶠ

Et il se trouve qu'en 1847 le revenu net des seuls propriétaires soumis à l'*income-tax* dans ces deux pays, constaté au-
thentiquement par le produit de l'impôt, s'élève à 2 230 037 328ᶠ.

Mac Culloch, dans la statistique de l'empire britannique,
article *Agriculture*, s'exprime ainsi : « En 1796, l'Angleterre
consommait 6 millions de quarters de blé dont une très-petite
partie était importée ; en estimant à 15 millions 200 mille

quarters la récolte du blé dans le moment présent, en 1846, nous resterons certainement dans la vérité..... »

Après avoir expliqué que pendant la guerre toutes les denrées avaient augmenté de prix parce qu'on se servait du papier-monnaie et que ces prix baissèrent beaucoup après la paix lorsqu'on paya en argent, Mac Culloch ajoute :

« En somme, la chute du prix du blé, si pesante pour les fermiers en 1814 et 1815, n'eut pas les effets désastreux qu'on pouvait craindre; elle fut bientôt surmontée et il y eut une amélioration extraordinaire dans l'agriculture depuis 1820. Autrement, comment pourrait-on expliquer la manière dont fut nourrie l'augmentation extraordinaire de la population dans l'intervalle, et comment les fermages de l'Angleterre et du pays de Galles en 1842 et 1843 surpassaient de 5 836 000 livres sterling (145 900 000 fr.) les fermages de 1814 et 1815.

« En fait, le pain de froment a presque partout remplacé les autres sortes de pain, la consommation du seigle, de l'orge, de l'avoine dans la partie nord et sud-ouest de l'Angleterre et du pays de Galles est devenue tout à fait insignifiante, toutes les classes vivent maintenant principalement de pain blanc, et dans ces dernières années on a vu s'augmenter la répugnance pour se servir d'une qualité inférieure de pain. En Écosse, le changement a été encore plus marqué qu'en Angleterre, et nous sommes dans la vérité en disant qu'on consomme aujourd'hui dix fois plus de froment en Écosse que dans l'année 1790. On peut dire aujourd'hui, avec vérité, que le sol et l'agriculture de la Grande-Bretagne fournissent à présent une nourriture suffisante pour la subsistance confortable d'au moins 5 millions d'habitants de plus qu'en 1820; ces résultats merveilleux ne doivent pas être attribués aux défrichements des landes ou à l'extension du labourage, il est dû principalement à l'amélioration des assainissements et des assolements, à l'adoption des procédés et d'instruments plus parfaits, etc.....

« Le prix du quarter de froment qui, de 1805 à 1810, était de 83 schellings 3 pence en argent, tomba si bas que dans les cinq dernières années qui finirent avec 1845 il n'était plus que de 54 schellings 9 pence; et cependant, malgré cette immense dépréciation des prix dans cet intervalle, il y eut une amélioration extrême dans l'agriculture accompagnée d'un vaste accroissement de la production et d'une grande augmentation de fermages ; cela tient aussi à l'application d'un grand capital à l'amélioration du sol. »

C, page 22.

## TAILLE DES SOLDATS.

Art. 64 de l'ordonnance du roi du 10 décembre 1762, concernant l'infanterie française :

« Aucun capitaine, lieutenant ou sous-lieutenant ne pourra « s'absenter qu'en s'engageant à faire deux hommes de recrue « au-dessus de *cinq pieds deux pouces...* »

Art. 36 de l'ordonnance du roi concernant les régiments de recrue du 25 novembre 1766 :

« Les officiers et bas officiers recruteurs n'emploieront ni « séduction, ni violence, ni aucune autre supercherie pour dé-« terminer les sujets à s'engager ; sa majesté voulant qu'il ne « soit absolument admis que des gens de bonne volonté, de « l'âge de seize ans accomplis jusqu'à trente-cinq pendant la « paix et aussi de l'âge de seize ans accomplis jusqu'à quarante « pendant la guerre, de *la taille de cinq pieds un pouce au moins* « en temps de guerre pieds nus, et de *cinq pieds un pouce six* « *lignes* aussi pieds nus et d'espérance en temps de paix pour « l'infanterie, et de cinq pieds trois pouces au moins, aussi « pieds nus pour la cavalerie et les dragons. »

Art. 51. « Les hommes de recrue, à leur arrivée aux quar-« tiers d'assemblée du régiment de recrue, seront examinés « par le commandant du régiment en présence de l'aide-major « et du commissaire des guerres chargé de la police du régi-« ment, lequel dressera sur-le-champ un état de ceux qui « n'auront pas les qualités requises et prescrites, et l'enverra « aussitôt au secrétaire d'État ayant le département de la guerre, « on les réformera en même temps, mais l'officier qui les aura « engagés ne recevra rien pour leur engagement. »

Extrait de l'ordonnance du 1er décembre 1774, concernant les régiments provinciaux et le mode de recrutement de l'armée :

Art 3. « La répartition desdits hommes sera faite par les in-
« tendants sur les villes et villages dépendants des provinces
« et généralités, eu égard au nombre d'hommes en état de
« servir qu'ils contiendront; et il sera tiré au sort dans toutes
« les villes, bourgs et villages, sans exception, entre tous les
« garçons ou hommes veufs sans enfants, demeurant actuelle-
« ment dans les paroisses desdites villes, bourgs et villages, de
« l'âge de dix-huit ans et au-dessus jusqu'à quarante, de la
« *taille de cinq pieds au moins* sans chaussure et de force con-
« venable à servir. »

Extrait de l'ordonnance du roi du 25 mars 1776, portant
règlement sur l'administration de tous les corps, tant d'infanterie que de cavalerie :

Art. 13. « Il ne sera admis dans les recrues que des hommes
« sains et robustes, bien conformés et d'une volonté décidée
« pour le service, de *la taille de cinq pieds un pouce au moins*
« dans l'infanterie et les chasseurs, et de *cinq pieds trois pouces*
« dans la cavalerie et les dragons de l'âge de seize ans accom-
« plis jusqu'à quarante, et pendant la guerre, de l'âge de dix-
« huit ans jusqu'à quarante-cinq. Ceux de ce dernier âge ne
« pourront cependant être admis qu'autant qu'ils auront pré-
« cédemment servi et se trouveront encore en état de repren-
« dre le service. »

D, page 51.

FINANCES.

Depuis quelque temps de grandes discussions ont eu lieu
sur l'administration des finances sous Louis-Philippe, et l'art
de grouper les chiffres selon le parti qu'on avait pris d'avance
fait chaque jour de nouveaux progrès.

Voici le chiffre exact des payements de toute espèce et des
recettes effectives de chaque année, sans distinction d'exercice
de 1835 à 1847 inclusivement. A côté des recettes réelles,
provenant des revenus de l'État, ou des impôts, se trouvent les
ressources extraordinaires qui ne sont que des emprunts ou
l'application aux dépenses de sommes destinées primitivement
à l'amortissement.

|  |  | Sans compter en ressources extra-ordinaires : |
|---|---|---|
| | En 1835. | |
| Recettes réelles........ | 1 021 962 661ᶠ 34ᶜ | 18 018 980ᶠ 00ᶜ |
| Dépenses payées........ | 1 017 403 042 01 | |

Excédant des recettes sur
les dépenses................    4 559 619 33

| | En 1836. | |
|---|---|---|
| Recettes réelles........ | 1 058 843 934ᶠ 49 | 1 033 325 26 |
| Dépenses payées........ | 1 038 387 577 53 | |

Excédant des recettes sur
les dépenses..............    20 456 356 96

| | En 1837. | |
|---|---|---|
| Recettes réelles........ | 1 074 778 462ᶠ 37ᶜ | Aucune ressource |
| Dépenses payées........ | 1 065 107 477 70 | extraordinaire. |

Excédant des recettes sur
les dépenses..............    9 670 984 67

| | En 1838. | |
|---|---|---|
| Recettes réelles........ | 1 110 483 109ᶠ 58ᶜ | Aucune ressource |
| Dépenses payées........ | 1 086 778 986 51 | extraordinaire. |

Les recettes excèdent les
dépenses de..............    23 704 123 07

Ainsi pendant ces cinq années les recettes excèdent les dépenses. Il n'en est pas de même dans les années suivantes.

| | En 1839. | |
|---|---|---|
| Recettes réelles........ | 1 123 379 680ᶠ 50ᶜ | Aucune ressource |
| Dépenses payées........ | 1 198 228 785 86 | extraordinaire. |

Déficit entre les recettes et
les dépenses..............    74 849 105 36

|  |  | Sans compter en ressources extra-ordinaires : |
|---|---|---|
| | En 1840. | |
| Recettes réelles........ | 1 157 126 333ᶠ 53ᶜ | 148 256 000ᶠ 00ᶜ |
| Dépenses payées........ | 1 298 514 449 72 | |

Déficit entre les recettes
réelles et les dépenses......    141 388 116 19

*A reporter*                           148 256 000 00

Report............................. 148 256 000 00ᵉ

**En 1841.**

| | | |
|---|---|---|
| Recettes réelles........ | 1 201 692 985ᶠ 10ᶜ | 168 303 433 84 |
| Dépenses payées........ | 1 455 849 453 84 | |
| Déficit........ | 254 156 468 74 | |

**En 1842.**

| | | |
|---|---|---|
| Recettes réelles........ | 1 250 031 264ᶠ 13ᶜ | 147 472 265 14 |
| Dépenses payées........ | 1 431 469 158 31 | |
| Déficit........ | 181 437 894 18 | |

**En 1843.**

| | | |
|---|---|---|
| Recettes réelles........ | 1 268 315 871ᶠ 74ᶜ | 970 219 57 |
| Dépenses payées....... | 1 404 779 725 35 | |
| Déficit........ | 136 463 853 61 | |

**En 1844.**

| | | |
|---|---|---|
| Recettes réelles........ | 1 291 366 583ᶠ 37ᶜ | 32 890 364 79 |
| Dépenses payées....... | 1 410 765 736 60 | |
| Déficit........ | 119 399 153 23 | |

**En 1845.**

| | | |
|---|---|---|
| Recettes réelles........ | 1 314 160 023ᶠ 94ᶜ | 198 630 932 31 |
| Dépenses payées...... | 1 453 875 144 91 | |
| Déficit........ | 139 715 120 97 | |

**En 1846.**

| | | |
|---|---|---|
| Recettes réelles........ | 1 341 810 272ᶠ 91ᶜ | 68 478 702 90 |
| Dépenses payées...... | 1 541 152 925 04 | |
| Déficit........ | 199 342 652 13 | |

**En 1847.**

| | | |
|---|---|---|
| Recettes réelles........ | 1 327 941 421ᶠ 58ᶜ | 3 836 794 74 |
| Dépenses payées....... | 1 620 944 911 19 | |
| Déficit........ | 293 003 489 61 | |

768 838 712ᶠ 79ᶜ

La totalité des déficits entre les recettes réelles et les dépenses, s'élève pendant les neuf années de 1839 à 1847, à ............................. 1 539 755 854ᶠ 02ᶜ

Si l'on compte les ressources extraordinaires en déduction............. 768 838 712 79

Il reste........ 770 917 141 23

non couverts ni par les recettes réelles ni par les emprunts ou détournements des rentes de l'amortissement, et qui ont dû tomber dans la dette flottante.

Du reste, au nombre des dépenses figurent chaque année le fonds de l'amortissement et l'intérêt des rentes rachetées par lui, et pour connaître le déficit véritablement réel, entre les recettes effectives et les dépenses soldées à des tiers, il faudrait déduire du chiffre des dépenses tout ce qui a été donné chaque année à la caisse de l'amortissement.

Mais le fait capital c'est que dans l'espace de treize ans les dépenses annuelles se sont accrues de 603 millions.

En 1848.

|  |  | Non compris en ressources extra- |
|---|---|---|
| Les recettes réelles y compris l'impôt des 45 centimes s'élèvent à.. | 1 329 731 809ᶠ 91ᵉ | ordinaires : |
| Les dépenses payées à... | 1 692 181 111ᶠ 48ᵉ | 229 260 487ᶠ 28ᵉ |
| Déficit....... | 362 449 301ᶠ 57ᵉ | |

E, page 42 et 95.

### COLONISATION DE L'ALGÉRIE.

Le gouvernement veut coloniser l'Algérie par des ouvriers pauvres et sans ouvrage, qui recevront les instruments de travail et seront entretenus jusqu'à ce qu'ils puissent se suffire à eux-mêmes, le tout aux frais de l'État. Avec ce système, il est bien évident que personne ne voudra se rendre en Algérie pour y être colon à ses propres frais ; personne n'est assez sot pour puiser dans sa bourse lorsqu'on lui ouvre celle de l'État.

Voyons ce qu'il en coûtera avant d'avoir en Algérie une colonie viable, c'est-à-dire assez nombreuse pour vivre par elle-même et résister à l'intérieur et à l'extérieur, en cas de guerre avec l'Angleterre. Supposer qu'une milice effective de 50 000 hommes, auxiliaire de l'armée, serait suffisante pour assurer l'avenir de la colonie, c'est adopter un chiffre très-bas. Pour avoir une milice de 50 000 Français, il faudrait au moins 100 000 familles. Or, qu'est-ce que coûtera une famille à l'État? Le général de division de Bourjolly, inspecteur général en Afrique, dans un écrit tout récent s'exprime ainsi :

« En portant à 7 000 francs les dépenses occasionnées par chaque famille, je crois qu'on reste au-dessous de la vérité.

| | |
|---|---:|
| La maison coûte en moyenne................... | 1 800ᶠ |
| Frais approximatifs de baraquement............ | 200 |
| Frais de défrichement pour 7 hectares, à 150 fr. par hectare................................. | 1 050 |
| Rations de vivres pour 4 personnes pendant 3 ans. | 1 927 |
| Une truie.................................. | 80 |
| Un bœuf................................... | 100 |
| Une charrue pour 5 familles (par famille)........ | 16 |
| Réparation de cette charrue pendant 3 ans....... | 50 |
| Une charrette pour 10 familles (part de l'une).... | 20 |
| Réparations pendant 3 ans..................... | 25 |
| Total.......... | 5 268ᶠ |

Joignez à cela :

*Frais* généraux à Paris......................

*Transport* de France en Afrique..............

*Rations* d'orge données pendant 4 ou 5 mois....

*Deux* quintaux de semences que l'on sera certainement obligé de doubler et même renouveler plusieurs fois................................

*Prestations* extraréglementaires, telles que linge, vêtements que les colons doivent payer et qu'ils ne payeront jamais...........................

(Des colons sont déjà partis avec des débets de compte de 100 francs.)

*État-major*, directeurs, inspecteurs, greffiers, moniteurs d'agriculture, médecins, commis, prêtres, etc.

*Transport* des malades aux hôpitaux centraux...

*Pour médicaments* à l'hôpital, pharmacie, outils, leurs réparations, leur remplacement...........

*Travaux* d'utilité publique, chemins, conduites d'eau, églises, etc., etc....................

« La non-réussite de la moitié des familles augmentera
singulièrement le prix de revient de celles qui resteront. Il
faut encore faire entrer en ligne de compte les secours que l'on
sera obligé de donner après les trois ans. Maintenant, si
on ajoute au chiffre 7 000 francs, les dépenses occasionnées
en pure perte, par les morts, les retours en France, ou les
non-succès, on verra à quelle somme énorme on arrive. »

Chaque famille de colons réels et effectifs coûtera à l'État,
en définitive, au moins 10 000 francs, et avec ce système,
pour que la colonie fût capable de produire une milice de
50 000 hommes, il faudrait prendre 1 milliard à la France.

Mais cette colonisation par l'État, même avec des sacrifices
énormes, est impossible ; elle est impossible lors même que les
colons ne seraient pas de pauvres ouvriers des villes incapables
de se livrer aux rudes travaux des champs, mais de robustes
manœuvres agricoles ; écoutons sur ce point, une personne
très-compétente, M. Moll, professeur d'agriculture au Conservatoire :

« Tout le monde m'accordera, je pense, que ce n'est pas
tout de jeter sur le territoire algérien, un nombre plus ou
moins considérable de familles de cultivateurs auxquelles on
concéderait des terres : pour coloniser sérieusement, fructueu-
sement, c'est-à-dire pour que ces familles s'établissent d'une
manière définitive, s'implantent sur ce sol nouveau, en constituent la population, et loin de s'y amoindrir, s'y accroissent et
s'y développent, une condition est indispensable, c'est que ces
familles prospèrent. Pour cela il faut qu'elles fassent de la
culture, qu'elles produisent des denrées échangeables. Or,
l'agriculture exige, comme toute autre branche de production,
le concours de trois éléments : *travail, capitaux, intelligence.*

« Certes les bras sont indispensables pour exploiter le sol de
l'Algérie ; mais de même que la machine à vapeur la plus
puissante cesse absolument de fonctionner lorsqu'elle manque
de combustible, et devient, non pas seulement inutile, mais
dangereuse, lorsque marchant elle manque d'une direction
intelligente, de même les bras ne sont rien sans les capitaux
pour les nourrir, l'intelligence pour les guider : ceci est l'*a b c*
de l'économie politique.

« Or, les petits cultivateurs que le gouvernement place dans les nouveaux villages, ont bien leurs bras, mais la plupart manquent de moyens pécuniaires, et tous, ou presque tous des connaissances nécessaires pour réussir. Mais, dira-t-on, leurs connaissances pratiques, leur expérience en agriculture. Leur expérience! Sait-on ce que c'est? C'est la connaissance d'un ensemble de faits non expliqués, qui se rapportent exclusivement à la commune qu'ils habitaient, souvent même aux champs qu'ils cultivaient, connaissance toujours insuffisante, même pour la localité où elle a pris naissance, à plus forte raison incomplète, défectueuse, fausse pour toute autre contrée et surtout pour un pays aussi exceptionnel que l'Algérie. Avec cette expérience, le colon du nord fait du blé, de l'orge, de l'avoine, du trèfle, des pommes de terre, comme il les faisait chez lui. Il plante ces dernières en avril, assez tôt pour que le végétal se développe, assez tard pour qu'il périsse infailliblement par la sécheresse. Il taille sa vigne court et n'a rien; il traite ses bestiaux comme en France et les perd, ou ne réussit à les conserver que par des dépenses hors de proportion avec le résultat. De cotonniers, d'oliviers, de figuiers, d'amandiers et de toute cette série de cultures méridionales qui constituent la richesse de l'Algérie, il n'en est pas plus question qu'en Franche-Comté, en Lorraine et en Alsace.

« Sans doute, le colon du midi évitera une partie de ces grosses erreurs... Cela n'empêche pas qu'il y commettra également bien des fautes, et qu'il aura une dure école à y faire. J'ai vu à Marseille les restes de plusieurs pauvres familles de cultivateurs provençaux qui revenaient de l'Algérie, après y avoir perdu leur petit patrimoine et plusieurs de leurs membres. Arrivées en Afrique avec quelque aisance, elles avaient tout dépensé en constructions ou travaux de défrichement et en denrées nécessaires pour vivre; et lorsqu'enfin elles espéraient recueillir le fruit de tant de labeurs, les récoltes traitées à la manière de leur pays leur avaient fait défaut ou avaient donné un rendement si minime qu'elles n'avaient pas payé les frais......

« Ce que je dis des Provençaux s'applique également aux colons des Baléares, de l'Andalousie, de Valence, de Malte, etc.

«  Certes il y a d'excellentes choses à prendre dans l'agriculture de ces diverses contrées ; mais introduire en bloc l'une
de ces agricultures, sans lui faire subir les nombreuses modi-
fications nécessitées par les circonstances agricoles toutes spéciales de l'Algérie, ce serait se condamner d'avance à d'inévi-
tables échecs.

«  Or, jamais le cultivateur n'apportera spontanément la
moindre modification à ses habitudes routinières : qu'on le
transporte sous l'équateur ou le cercle polaire, il y appliquera
invariablement les notions locales qu'il a puisées dans l'exemple
de ses pères ; d'ailleurs, il voudrait changer qu'il ne le pourrait
pas, faute de connaissances et d'argent.

«  L'homme instruit, qui a étudié l'agriculture non-seulement comme art mais aussi comme science, est seul capable
d'arriver, après un examen approfondi des circonstances locales,
à la détermination du système de culture à suivre dans chaque
situation donnée. Cela est vrai pour l'Algérie où tout est à
créer ; cela est encore vrai pour les divers pays de l'Europe
où règne déjà une agriculture plus ou moins avancée.

«  Partout, en effet, la grande culture a été la cause principale ou plutôt unique du progrès. C'est à ses *landlords,* à ses
*gentlemen farmers* que l'Angleterre doit l'état avancé de son
agriculture, aujourd'hui la première du globe. Si la France est
arriérée, c'est au contraire parce que tout en possédant de la
grande propriété, elle n'a pas ou n'a presque pas de grande
culture ; et une des principales causes du peu de succès de nos
tentatives de colonisation, c'est que la grande culture, faute
d'instruction, n'y a pas rempli la mission qui lui était dévolue,
celle de marcher en avant, de guider la petite culture dans la
bonne voie.

«  Que l'on examine ce qui s'est passé dans d'autres colonies, et notamment dans la plus récente de toutes, à la Nou-
velle-Galles du Sud, et l'on verra la confirmation de ce que
j'avance ici. Le succès de cette colonie, si longtemps languis-
sante, date du jour où de riches et habiles fermiers anglais
vinrent y apporter leur intelligence et leurs capitaux.

«  Cette influence de la grande culture se conçoit. Seule elle
peut se tenir au courant de la science, elle peut connaître les

découvertes, les améliorations qui s'accomplissent ailleurs; seule elle possède assez de connaissances et de capitaux pour pouvoir expérimenter avec succès.. .. Que l'on passe en revue les nombreux et importants perfectionnements qui se sont effectués depuis un siècle dans l'agriculture des diverses parties de l'Europe, et l'on verra que tous ou presque tous sont dus à la grande culture.....

« Bien loin d'avoir été à la tête du progrès, la petite culture lui a été presque toujours hostile. Ce n'est qu'à son corps défendant, et après avoir eu pendant de longues années sous les yeux les preuves irrécusables de la supériorité des innovations introduites par la grande culture, qu'elle s'est décidée à les adopter.

« Si la grande culture est utile partout, on peut dire qu'elle est indispensable en Algérie ; car là, il ne s'agit pas, comme en France, de perfectionner une chose qui existe, une agriculture donnant déjà des résultats ; il s'agit de créer de toutes pièces un système de culture dans un pays à peu près inculte, sans faits antérieurs, sans antécédents qui puissent servir de guide, et au milieu de circonstances agricoles entièrement différentes de celles qui règnent en Europe. Autant vaudrait charger un aveugle du tracé d'une route dans une localité nouvelle pour lui, que d'attendre de nos petits cultivateurs la combinaison d'un système rationnel de culture dans une occurrence semblable.

« Que l'on cesse donc de se montrer hostile à la grande propriété qui, en Afrique, deviendra forcément de la grande culture. Si elle peuple moins que la petite, qu'on ne perde pas de vue qu'elle est une condition indispensable du succès de celle-ci. Ces *Messieurs*, que quelques personnes semblent vouloir mettre à l'index aujourd'hui, non-seulement apportent en Algérie les capitaux qui seuls peuvent vivifier le pays, et dont profiteront naturellement les colons-paysans, mais encore ils se livreront aux études et aux essais nécessaires pour arriver à la connaissance des assolements, procédés, plantes, bestiaux, instruments, spéculations les plus appropriées aux circonstances diverses du pays, pour trouver enfin cette voie dans laquelle s'engagera la petite culture.

« D'un autre côté, la grande culture qui seule ne saurait peupler convenablement notre colonie, ne saurait pas davantage se suffire à elle-même. Quel que soit le système qu'elle adopte, à certaines époques elle aura besoin d'un supplément de bras qu'elle ne pourra trouver que dans la petite culture. De la réunion de la grande et de la petite culture en Algérie peut donc seul résulter le succès de la colonisation, car elles viendront se compléter mutuellement. » ( Extrait de l'ouvrage de M. Moll, professeur d'agriculture au Conservatoire, *sur la Colonisation et l'agriculture en Algérie*, t. II, p. 9.)

La commission d'inspection des colonies agricoles de l'Algérie, qui avait choisi pour rapporteur M. Louis Reybaud, vient de faire son rapport officiel au ministre de la guerre. Il confirme par les faits exposés ce que disent le général de Bourjolly et M. Moll.

Après avoir rendu compte de l'état physique et moral des villages de colons et de l'importance des défrichements opérés en grande partie par nos soldats et les Arabes, et qui, malgré ce concours puissant ne s'étendaient encore que sur 3 966 hectares au 30 juin dernier, ce qui fait 94 hectares par village et 88 ares 09 centiares par famille, la commission ajoute :

« En regard de ces minimes résultats on s'effraye de placer
« le chiffre des dépenses, qui déjà s'élèvent à 8 680 911 fr.
« 90 c. Pour achever l'œuvre commencée il faudra encore
« 14 922 282 fr. 48 c., ce qui forme un total de 23 608 194 fr.
« 38 c. Avec cette somme on aura fondé 42 villages composés
« de 4 502 familles ou 13 628 âmes, ce qui constitue par vil-
« lage une dépense de 562 052 fr. 25 c., par famille de
« 5 242 fr. 90 c. et par individu de 1 734 fr. 96 c. Ajouter
« quelque chose à ces chiffres, c'est beaucoup oser, beaucoup
« prétendre, et pourtant c'est le seul moyen de se porter judi-
« cieusement au secours des sommes engagées. Mieux vaut
« concentrer ses efforts sur moins de points et s'en tirer avec
« honneur. S'il ne devait sortir de tant de sacrifices et de tant
« d'essais que des villages frappés de langueur, peuplés d'in-
« dolents et de malheureux, c'en serait fait aux yeux du
« monde et de l'Algérie et du principe même de la colonisa-
« tion..... »

Suivent ensuite les demandes de nouvelles dépenses à faire par l'État, de sorte qne les 23 millions 608 mille francs pourraient bien aller à 30 millions.

30 millions pris dans les poches des contribuables français pour établir en Algérie 4 à 5 mille familles et mettre en valeur 57 571 hectares formant le territoire entier des villages des colons !

Mais on n'arrivera pas même à ce maigre résultat, on ne fera que du gaspillage et de la misère.

FIN.

# TABLE DES MATIÈRES.

Pages.

Préface.......................................... ɪ

Chapitre Iᵉʳ. — La puissance d'une nation est toujours relative. — Comparaison de la France avec la Russie,
l'Angleterre, l'Autriche et la Prusse............ 1

§ 1ᵉʳ. Territoire............................ 2
§ 2. Population ............................ 5
§ 3. Armée, Remonte de la cavalerie.......... 7
§ 4. La marine............................. 8
§ 5. Richesse.............................. 13
§ 6. Dettes de la propriété foncière en France..... 19
§ 7. Force physique des hommes en France...... 22
§ 8. Moralité de la population en France........ 25

Chapitre II. — Causes de la décadence et des révolutions de
la France ................................. 28

Titre 1ᵉʳ. La Centralisation...................... ib.

§ 1ᵉʳ. Ses effets sur les fonctionnaires et sur les affaires............................... 32 et 40
§ 2. Sur les administrés et sur la prospérité publique. 36
§ 3. Sur la colonisation de l'Algérie............ 41
§ 4. Sur les intelligences..................... 43
§ 5. Sur la fortune publique.................. 45
§ 6. La centralisation a engendré et propagé les idées
communistes.......................... 55
§ 7. La centralisation perpétue les révolutions.... 58
§ 8. Effets de la centralisation sur la puissance défensive de la France.................... 60

Titre ii. Examen de trois institutions de la centralisation. 63

§ 1ᵉʳ. École Polytechnique.................... 64
§ 2. Système de travaux publics.............. 68
§ 3. L'Université........................... 75

Pages

Chapitre III. — Examen de systèmes admis en France.....  83
  § 1er. L'Industrie............................  ib.
  § 2. Gouvernement représentatif..............  88
Chapitre IV. — État de l'agriculture et de la propriété rurale......................................  91
  § 1er. Agriculture médiocre, peuple mal nourri;
    quelles en sont les causes?................  ib.
  § 2. L'agriculture manque d'intelligences, de capi-
    taux et de bras..........................  95
  § 3. Morcellement excessif du sol.............  101
  § 4. Projets pour rendre l'agriculture prospère inef-
    ficaces..................................  106
  § 5. Hypothèse.............................  110
Chapitre V. — Des causes de l'affaiblissement physique de la
  race française.............................  111
Chapitre VI. Avenir de la France...............  114
  § 1er. Changement dans la propriété. — Prépondé-
    rance des paysans. — Antagonisme des campagnes
    et des villes augmenté par la misère. — La misère
    s'accroîtra par les lois qui vont la combattre. —
    L'anarchie alternant avec le despotisme. — L'ar-
    mée maîtresse de la France. — Société corrom-
    pue. — La conquête........................  ib.
  § 2. Aide-toi, le Ciel t'aidera...............  126

## NOTES.

A. Population de la Prusse, de l'Autriche, de l'An-
  gleterre, de la Russie et de la Confédération
  germanique...............................  129
B. Revenus et *Income - Tax* en Angleterre........  132
C. Taille des soldats.........................  138
D. Finances : Recettes et dépenses réelles de plusieurs
  années en France..........................  139
E. Colonisation de l'Algérie..................  142

FIN DE LA TABLE.

www.ingramcontent.com/pod-product-compliance
Lightning Source LLC
Chambersburg PA
CBHW050014100426
42739CB00011B/2642